HOLT 2 SPANISH

¡Ven conmigo!®

Video Guide

HOLT, RINEHART AND WINSTON
A Harcourt Classroom Education Company

Austin · New York · Orlando · Atlanta · San Francisco · Boston · Dallas · Toronto · London

Contributing Writer:

Jan Underwood

Photo Credits
All Photos by Marty Granger/Edge Video Productions/HRW except:
Cover, (bl) Image copyright ©1998 PhotoDisc, Inc. Page 2, (cr) SuperStock; 16, (c) SuperStock; (bl) Harvery LLoyd/Peter Arnold; (br) Randy Faris/Westlight; 21, (tr) SuperStock; 30, (l) Nik Wheeler/Westlight; (r) Michael Sullivan/TexaStock; (c) Courtesy of Texas Highways Magazine; 41, (l) Robert Wolf; (r) Khue Bui/Frontera Fotos; 42, (all) Sam Dudgeon/HRW Photo; 49, (cl) Dave Cannon/Tony Stone Images; 55, (bl) (l) (r) Michelle Bridwell/Frontera Fotos; (br) Franklin J. Viola/Comstock; 58, (cl) Ulrike Welsch; 72, (cl) James Blank; 77, (tc) Michelle Bridwell/HRW Photo; (tr) Julien Balm/Bruce Coleman, Inc. 84, (tl) M.L. Miller/Edge Video Productions/HRW.

Printed in the United States of America

ISBN 0-03-065918-3

1 2 3 4 5 6 7   066   03 02 01

To the Teacher

The **¡Ven conmigo!**® *Video Program* was shot entirely on location in Spanish-speaking countries and supplies linguistically authentic and culturally rich video support for your classroom.

The *Video Program* is available in two formats, on standard videocassette and on DVD. Using the *DVD Tutor* and a DVD video player to show the video allows you to quickly and easily access any segment of the video program and to repeat small segments instantly and as often as needed. The *DVD Tutor* also provides video-based activities to assess student comprehension and allows you to display still images from any part of the program. Video material for Chapters 1–6 is contained on Disc 1; material for Chapters 7-12 is on Disc 2. *

The *Video Program* provides the following video support for each chapter of the *Pupil's Edition:*

- A narrated **Location Opener** gives students a guided tour to the geography, culture, and people of each of the six regions explored in the *Pupil's Edition*.

- The **De antemano** section of each chapter is enacted on video. The scripted, controlled language supported by visual cues provides comprehensible input that models the targeted functional expressions, vocabulary, and grammar. This section can be used to present material in the chapter for the first time, to reinforce it as you go through the chapter, and to review it at the end of a lesson cycle.

- The stories presented in **De antemano** are continued and bring closure to the dramatic episodes. Look for the sections that contain the episode title and **a continuación.** This expanded story allows for additional modeling of targeted functions, vocabulary, and grammar, as well as recycling and spiralling of previously learned material.

- Spanish captions for every **De antemano** and **a continuación** are available on Videocassette 5. Target-language captions give students another opportunity to comprehend the language in the story and offer teachers further possibilities for presenting the new material in class.

- The **Panorama cultural** section presents videotaped interviews with the native speakers of Spanish introduced on the **Panorama cultural** page in the *Pupil's Edition* as well as additional interviews with several other people from around the Spanish-speaking world. The unscripted language spoken at a normal rate of speed will give students a taste of "real" Spanish. Teaching suggestions and activity masters in this guide will help students focus on the pertinent information and make the language accessible to them.

- A special **Videoclips** section provides authentic television footage related to the chapter theme including commercials, news reports, and music videos. These authentic Spanish television clips give students an opportunity to hear and enjoy material produced for native speakers of Spanish and not specifically designed for language learners. In order to preserve authenticity, this material was not edited for the classroom and should be previewed by teachers to ensure compliance with local guidelines.

- **Colorín colorado** provides further practice with the chapter's functional expressions and vocabulary, and is designed to be done after students have completed the chapter in the *Pupil's Edition*.

The *Video Guide* provides background information and suggestions for pre-viewing, viewing, and post-viewing activities for all portions of the *Video Program*. It also contains scripts and synopses for all dramatic episodes, transcripts of all interviews and **Videoclips,** supplementary vocabulary lists, and reproducible activity masters for use with all sections of the video program.

---

*In addition to the video material and the video-based comprehension activities, the *DVD Tutor* also contains the entire *Interactive CD-ROM Tutor* in DVD-ROM format. Two DVD discs contain the activities from all 12 chapters of the *Interactive CD-ROM Tutor*. This part of the *DVD Tutor* may be used on any Macintosh® or Windows® computer with a DVD-ROM drive.

Contents

 The DVD Tutor contains all video material. Chapters 1-6 are on Disc 1 and Chapters 7-12 are on Disc 2.

Location: Andalucía

DVD Tutor, Disc 1
Videocassette 1
Start Time: 1:13
Length: 2:45
Pupil's Edition pp. xxx–3

Students are not expected to understand everything in the Location Opener. The activities for this section have been designed to help them understand the major points.

Teaching Suggestions

 The DVD Tutor contains all video material plus a video-based activity to assess student comprehension after viewing the Location Opener. Short segments are automatically replayed to prompt students if they answer incorrectly.

Pre-viewing

- Have students first locate Spain on the inset map of Europe on p. xxix of the *Pupil's Edition*. Point out to students Spain's close proximity to Africa.

- Have students locate **Andalucía** on the map on p. xxiii of the *Pupil's Edition* and have them point out its major cities. (**Sevilla, Málaga, Granada**) You may also want to point out Gibraltar. Ask students what prominent feature has made Gibraltar famous. (the "Rock," a 1,400 foot-tall mass of limestone jutting into the Mediterranean Sea) The letters **R.U.** on the map are an abbreviation for **Reino Unido**, the United Kingdom. Gibraltar was a British military base from the early 1700s until 1991. Britain still claims it as their territory.

- Explain to students that Spain has had many civilizations, including the Greek, Roman, and the Moorish. The Moors were an Islamic people from North Africa who spoke Arabic. Spanish acquired many Arabic words during the seven centuries (from 700 to 1492) when Spain was ruled by the Moors. Examples are: **el alcalde, el alcoba, el álgebra, el algodón, el azafrán, el azul**. You may want to write a few such words on the board or on a transparency, and ask students to point out their similarities. (Many are masculine and begin with **a** or **al**.)

- Have students list the images that they associate with Spain. (possible answers are: flamenco dancing, classical guitar playing, bullfighting) Explain that many of the images associated with Spain typically originate in Andalusia.

Viewing

- Play the Location Opener and have students describe the images that impress them most.

- Have students skim Activity 1 on Activity Master, p. 2. Point out the Supplementary Vocabulary box. Then, replay the Location Opener and have students complete the activity. You may need to play the video more than once.

Post-viewing

- After students have completed Activity 2 on Activity Master, p. 2, you may want to ask them about the place shown in the photograph. What is it, and what purpose did it serve in the time of the Romans? (amphitheater; a facility for drama and public entertainment) You may want to mention to students that a forum (marketplace) and some mosaics also still remain at **Itálica**. Ask students what they think will remain of their community in 2,000 years.

- Have students say what they find most attractive about **Andalucía**, and what they would visit there if they had the opportunity.

Activity Master: Location Opener 1

Supplementary Vocabulary		
el canto *singing*	el espíritu *spirit*	el oeste *west*
el castillo *castle*	la mezquita *mosque (Muslim temple)*	el pueblo *town*
de primera categoría *first class*	el norte *north*	el sur *south*

Viewing

1. Circle the letter of the most appropriate completion or answer.

   1. ¿Dónde está Andalucía?
      a. en el sur de España
      b. en el oeste de España
      c. en el norte de España

   2. El espíritu de Andalucía viene de _____.
      a. los franceses
      b. los árabes
      c. las guitarras

   3. Andalucía tiene _____ de primera categoría, como la Costa del Sol.
      a. playas
      b. aeropuertos
      c. ciudades

   4. ¿Cuál es la ciudad más grande de Andalucía?
      a. Córdoba
      b. Sevilla
      c. Granada

Post-viewing

2. Circle the letter of the best description of the photo.

   a. la Mezquita de Córdoba
   b. la famosa Feria de Sevilla
   c. el pueblo romano de Itálica

3. Complete the following paragraph about **Andalucía** with an appropriate word or phrase from the word bank.

   > flamenco   Itálica   Castillo Rojo
   > el sur   mezquitas

   Andalucía, en _____ de España, es una región fascinante. El pequeño

   pueblo de _____ es un ejemplo de la civilización romana en Andalucía.

   También hay muchas _____ que vienen del tiempo de los árabes. La Al-

   hambra, en Granada, se llama el _____. Andalucía es famosa por el

   _____, un estilo de canto y baile apasionante.

4. If you were visiting Spain, and you wanted to go windsurfing, where might you go? Circle the letter of the best answer.

   a. Itálica
   b. Sevilla
   c. Costa del Sol

Mis amigos y yo

Functions modeled in video:

- introducing yourself and others
- describing people
- talking about what you and others do
- saying what you like and don't like

The DVD Tutor provides instant access to any part of the video program as well as the ability to repeat short segments as needed. The DVD Tutor also allows access to Spanish-language captions for all video segments as well as to video-based comprehension activities to assess student comprehension.

Video Segment	Correlation to Print Materials			Videocassette 1		Videocassette 5 (captioned)	
	Pupil's Edition	Video Guide		Start Time	Length	Start Time	Length
		Activity Masters	Scripts				
De antemano	pp. 6–7	p. 6	pp. 85–86	3:59	5:31	00:47	5:31
A continuación		p. 7	p. 86	9:31	6:25	06:19	6:29
Panorama cultural	p. 19*	p. 8	p. 87	15:57	2:44		
Videoclips		p. 8	p. 87	18:42	0:49		

 Video Synopses

De antemano *Escenas de mi ciudad*

Maribel is a high school student in Seville, Spain, who will be spending the next year studying in the United States. She and her friends are making a home video for her to take along so she can show her hosts what her life is like in Spain. Maribel introduces herself and her friends and talks with them about their likes and dislikes. Maribel's friend Pablo tells her that her father asked her to come home at once. Puzzled, Maribel heads home.

Escenas de mi ciudad (a continuación)

On her way home, Maribel tries to think of why her father called for her. When she arrives home, she discovers that her family and friends have gathered to throw her a surprise going-away party. She and her friend Enrique decide to continue filming their home video. She introduces her family and talks about the traditional Spanish foods being served at the party.

Panorama cultural *¿Qué es un buen amigo?*

- Spanish-speaking students from Texas, Puerto Rico, and Argentina describe the kind of person they consider to be a good friend, and tell us if they consider themselves good friends.

- In additional interviews, students from various Spanish-speaking countries further describe what they consider a good friend to be.

Videoclips

Comité de Rehabilitación: public service message regarding attitudes toward people with disabilities.

Holt Spanish 2 ¡Ven conmigo!

Video Guide **3**

Teaching Suggestions

 The DVD Tutor contains all video material plus video-based activities to assess student comprehension of **De antemano, A continuación,** and **Panorama cultural**. Short video segments are automatically re-played to prompt students if they answer incorrectly.

De antemano *Escenas de mi ciudad*

Pre-viewing
- Have students imagine that they are going to make a home video for an English class in Spain showing what their town or city is like. Ask students what they would choose to include in it. Are there any buildings, monuments, or parks that distinguishes their city?
- Ask students if they have ever heard of **Sevilla**, and what they might already know about it.
- Have students locate **Sevilla** on the map of Spain on p. xxiii of the *Pupil's Edition*. Ask students to name the region of Spain where it is located. (**Andalucía**)

Viewing
- Ask students how the characters sometimes greet each other. (a light kiss on both cheeks) You may want to ask students who are native speakers whether they have ever observed this way of greeting, or whether they have the same custom in their communities.
- You may want to pause or stop the video after Maribel says **Buenas tardes**, and point out how she pronounces this. (*Buenah chardes*) Explain to students that her pronunciation is typical for some people from Seville. Tell students that they should listen for other instances of the **st** pronounced like a *ch*. (**Estados Unidos**, **ésta**, **estar** are other examples.)
- Ask students whether they noticed that Maribel used **vosotros** to address her new friends in the United States. You may wish to remind students that **vosotros** is the plural of **tú**, used in Spain.

Post-viewing
Explain to students that **La Giralda**, which Maribel pointed out, was originally part of a mosque. The rest of the mosque was torn down after the Moors were driven out of Spain in the 15th century, and the cathedral built in its place is the largest Gothic cathedral in Europe.

Escenas de mi ciudad (a continuación)

Pre-viewing
Have students work in small groups and write a short summary of *Escenas de mi ciudad* in English. After students write their summary, have them write a sentence about what they think will happen in *Escenas de mi ciudad (a continuación)*.

Viewing
You may want to stop the video before Maribel arrives at her house and have students mention any outstanding differences between Seville and their own city.

Post-viewing
- Ask students to describe the food at Maribel's party. Explain that **jamón serrano** is uncooked ham treated with salt and often sliced so thin that it is almost translucent. Point out that **queso manchego** is made from sheep's milk. Ask students to recall what ingredients go into making a **tortilla española**. (**huevo, patata, aceite de oliva y cebolla**) Point out that Spanish people say **patata** instead of **papa**. You may want to ask students who are native speakers how a **tortilla** is made in their communities.
- Point out to students that the hand-clapping at Maribel's party is a feature of the **sevillana**, a traditional Andalusian dance. You may wish to bring to class other examples of Andalusian music, such as flamenco.

Panorama cultural

Pre-viewing
- Have students think of a short list of their closest friends. Students should then write down three words describing the qualities they consider their closest friends to have.
- As a class, come to an agreement about what most students feel are the most important qualities for a good friend and write them on the board or on a transparency.

Viewing
- Explain to students that many Spanish-speaking people often pronounce the **s** as a puff of air coming from the throat—similar to the sound of *h* in English. You may want to pause or stop the video and re-pronounce certain words used by the speakers if students are not able to understand.
- You may want to write on the board or on a transparency the expressions used by the speakers to mean *sticking together through thick and thin*. (**estar contigo en las buenas y en las malas, estar allí en las buenas y en las malas**)
- The first **Panorama activity** on Activity Master 3 is based on the first three interviews only.

Post-viewing
Have students compare their lists of words describing a good friend with the words mentioned by the interviewees in the **Panorama cultural**. What qualities are in common?

Videoclips

- Play the videoclip once without sound. Have students first decide what kind of videoclip it is. (a public service message) You may want to pause the video on the closing screen, and give students a moment to read it carefully. Ask students what they think **el comité** means. Point out that it has an English cognate. (committee)
- Play the videoclip with sound and have students complete Activities 3 and 4 on Activity Master 3, p. 8. You may need to play the video more than once.
- Point out that Antioquía is the region in Colombia where Medellín is located.

Colorín colorado

- If you have access to a video camera, have students make a home video similar to the one Maribel made in *Escenas de mi ciudad*. Before they begin filming, they should work in groups to practice asking and answering questions in Spanish, introducing themselves, and telling about their likes and dislikes.
- Show the **Panorama cultural** again. Have students ask each other, ¿**Qué es un buen amigo?** You might want to have the class as a whole brainstorm and make a list of adjectives before interviewing each other.

Activity Master 1

De antemano *Escenas de mi ciudad*

CAPÍTULO 1

Supplementary Vocabulary	
aprender *to learn*	¡Qué raro! *How strange!*
prestarnos *to lend us*	el zumo *juice*

Soy de...   Tengo... años...
Hola, me llamo...
          Me gusta jugar...

Pre-viewing

1. Write four sentences introducing yourself and telling a little about what you're like as a person. You may use the phrases in the word bank if you wish.

_____

_____

_____

_____

Viewing

2. Put a check mark next to the places in **Sevilla** Maribel mentions.

_____ **a.** Plaza del Triunfo   _____ **c.** Plaza de España

_____ **b.** la Giralda   _____ **d.** Parque de María Luisa

Post-viewing

3. Put a check mark next to the reason Maribel stops shooting the video.

_____ **a.** Maribel y Verónica van al cine.

_____ **b.** Maribel tiene que hablar con su padre.

_____ **c.** Maribel y sus amigos van a comer.

_____ **d.** Está lloviendo.

4. Match each character with the appropriate description.

_____ 1. Maribel   _____ 2. Enrique   _____ 3. Verónica   _____ 4. Pablo

a. Tiene quince años y es de Granada. Juega al tenis.
b. Le gusta jugar al fútbol, pero no le gusta nadar. Sus padres son argentinos.
c. Va a estar pronto en los Estados Unidos. Tiene dieciséis años.
d. Es amigo de Maribel. La cámara es de su padre.

Holt Spanish 2 ¡Ven conmigo!

Activity Master 2

Escenas de mi ciudad (a continuación)

Viewing

1. Put a check mark next to each of the things Maribel thinks of on the bus ride home.

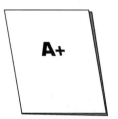

_____ **a.** mis notas son buenas

_____ **c.** lavé los platos esta tarde

_____ **b.** saqué al perro esta mañana

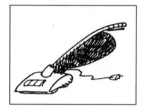

_____ **d.** pasé la aspiradora

2. Circle the names of the dishes that Maribel describes.

   a. tortilla española   **e.** jamón serrano

   b. salchichas   **f.** patatas fritas

   c. queso manchego   **g.** chipirones fritos

   d. carne asada   **h.** paella valenciana

3. Put a check mark next to the members of Maribel's family she introduces at the party.

   _____ **a.** la mamá de Maribel   _____ **d.** Robertín, el hermano

   _____ **b.** la abuela de Maribel   _____ **e.** la tía Alicia

   _____ **c.** el tío Felipe

Post-viewing

4. Imagine you are making a video tape for some friends in a Spanish-speaking country like the one that Maribel and Enrique made. Use the spaces below to write what you will say. Mention the things you think your new friends might be interested in, such as your name, how old you are, the kinds of foods you like, and what sports you play.

_____

_____

_____

_____

_____

CAPÍTULO 1

Activity Master 3

Panorama cultural

> **Supplementary Vocabulary**
>
> el amor *love*   te acompaña *he or she keeps you company*
> apoyar *to help, to support*   tener confianza con *to be very close with*
> compartir *to share*

Viewing

1. Put a check mark next to what each person says are the qualities of a good friend.

   1. Claudia
      _____ **a.** ...amor y felicidad...   _____ **b.** ...que te invite al cine...

   2. Jorge
      _____ **a.** ...debe trabajar...   _____ **b.** ...que estén siempre juntos...

   3. Juan José
      _____ **a.** ...honesta, franca, sincera...   _____ **b.** ...que tenga mucha confianza...

2. Match the name of each person with the words or phrases he or she uses to describe a good friend.

   _____ 1. Luis   **a.** saber compartir
   _____ 2. Carla   **b.** te acompaña
   _____ 3. Diego   **c.** estar siempre allí
   _____ 4. Gretchen   **d.** apoyarlo, darle consejos
   _____ 5. Bernardo   **e.** sincero y no materialista
   _____ 6. Daniel   **f.** no hablar de otro atrás de la espalda

Videoclips

> **Supplementary Vocabulary**
>
> la esperanza *hope*   el mensaje *message*

Viewing

3. Put a check mark next to the words or phrases you hear in the videoclip.

   _____ **a.** la esperanza   _____ **e.** salud
   _____ **b.** actitud positiva   _____ **f.** comité
   _____ **c.** mis amigas   _____ **g.** rehabilitación
   _____ **d.** un mensaje   _____ **h.** continuación

Post-viewing

4. Circle the letter of the phrase that you think would make the most appropriate title for the videoclip. Be prepared to give a reason for your choice.

   a. Ven conmigo.

   b. La esperanza somos todos.

   c. El viaje a la biblioteca.

   d. Antioquia.

Holt Spanish 2 ¡Ven conmigo!

CAPÍTULO 2

Un viaje al extranjero

Functions modeled in video:

The DVD Tutor provides instant access to any part of the video program as well as the ability to repeat short segments as needed. The DVD Tutor also allows access to Spanish-language captions for all video segments as well as to video-based comprehension activities to assess student comprehension.

- talking about how you're feeling
- making suggestions and responding to them
- saying if something has already been done
- asking for and offering help
- describing your city or town

Video Segment	Correlation to Print Materials			Videocassette 1		Videocassette 5 (captioned)	
	Pupil's Edition	Video Guide		Start Time	Length	Start Time	Length
		Activity Masters	Scripts				
De antemano	pp. 36–37	p. 12	p. 88	19:44	6:45	12:49	6:45
A continuación		p. 13	pp. 88–89	26:30	4:16	19:35	4:21
Panorama cultural	p. 47*	p. 14	p. 89	31:06	2:22		
Videoclips		p. 14	p. 89	33:29	0:46		

CAPÍTULO 2

  Video Synopses

De antemano ¿Dónde está la carpeta?

Maribel is packing for her trip to the United States, and her friend Verónica is helping her. Maribel has made a list of things to do to get ready, and she asks Verónica to read the items aloud and check off the ones that have been done already. During the commotion, Maribel loses the folder in which she had put her airplane tickets, passport, and other important documents.

¿Dónde está la carpeta? (a continuación)

Other members of the family offer to help search for the lost folder. They find it at last when they discover that Robertín, Maribel's younger brother, has had the folder underneath the picture he has been drawing for Maribel.

Panorama cultural ¿En dónde te gustaría vivir?

- Students from Costa Rica, Ecuador, and Spain talk about where they would like to spend a year if they could go anywhere in the world they wanted.

- In additional interviews, students from various Spanish-speaking countries talk about where they would like to spend a year.

Videoclips

Cantabria: advertisement promoting tourism in the Spanish region of Cantabria

Holt Spanish 2 ¡Ven conmigo!

Video Guide **9**

Teaching Suggestions

 DVD 1 The DVD Tutor contains all video material plus video-based activities to assess student comprehension of **De antemano, A continuación,** and **Panorama cultural.** Short video segments are automatically replayed to prompt students if they answer incorrectly.

De antemano ¿*Dónde está la carpeta?*

Pre-viewing

Have students work in pairs and make a list of all the things they would need to do to get ready for a year's trip abroad.

Viewing

- Stop the video after the first scene in which Enrique and Verónica discuss Maribel's trip and ask the following questions: In which city in the United States will Maribel be staying? What time does Verónica think that Maribel's plane is leaving? Is Verónica going to go to the airport? How is Maribel feeling according to Verónica and Enrique?

- Point out to students that **jersey** is not pronounced as in English even though it was originally an English word. You might want to mention that the pronunciations of some English words of Spanish origin have also changed. Place names such as Los Angeles or Colorado make good examples.

Post-viewing

Have students take turns giving a sentence describing what happened in the video. Students may describe any aspect of the video they wish, and not necessarily in chronological order.

¿*Dónde está la carpeta? (a continuación)*

Pre-viewing

- Ask students why Maribel is worried at the end of ¿*Dónde está la carpeta?* What's inside the folder? Ask students where they think the folder is. Replay the scene in which Robertín takes the folder to the living room if students did not realize what was happening the first time they saw it.

- Have students brainstorm and come up with a list of adjectives that describe feelings. Write the list of words on the board or on a transparency.

Viewing

- You may want to point out that Robertín says **Mari, ésta eres tú** for *This is you, Mari.* Ask students what someone might say when showing a picture of him or herself. (**Éste/a soy yo.**)

- Point out to students that **vale** is a way of saying "OK" in Spain. You may also want to point out that it is related to the English word *value*, so its literal meaning is something like *that's good.*

- Pause the video at appropriate points and ask students to comment on how the characters are feeling. You might wish to lead with a question such as ¿**Cómo se siente Maribel ahora?** Allow students to respond by saying **Está nerviosa** or **Se siente nerviosa**.

Post-viewing

Discuss with students how the lost folder dilemma could have been avoided. Ask them if anything like that has ever happened to them.

Panorama cultural

Pre-viewing

Have students decide where they would like to spend a year as an exchange student if they had the opportunity. Have them write the name of the country and a short sentence giving a reason for their choice. You may wish to have students work in pairs to do this. Then write the names of the places they have chosen on the board or on a transparency. Ask for volunteers to explain to the class their reasons for the choices they made. When finished, ask whether any students have changed their minds about where they would like to go, and why.

Viewing

- Have students list the names of the places the interviewees would like to visit. Play the video more than once so students can verify their lists.

- Ask students to count the number of interviewees who would like to get to know their own country better before visiting another. (two) Ask students to try to name the two interviewees. (Mario, Juan Carlos)

Post-viewing

Compare the list of names of places the class chose with the names of places mentioned by the interviewees. Have students point out any places included in both lists.

Videoclips

Pre-viewing

- Play the videoclip once without sound. When finished, have students quickly jot down three words that describe what they thought or felt while watching it. Ask students to guess in which part of the world the scenes were taken.

- Play the videoclip with sound. Have students listen for the words or phrases that stand out the most as they watch it. (possible answers are **imagínate, tierra, naturalmente, Cantabria**)

- Have students pay attention to intonation and try to determine the number of complete sentences the narration has. (four)

- Tell students that Cantabria is a mountainous, fairly rainy region along the northern coast of Spain. Cantabria's **Picos de Europa** help make Spain the second most mountainous country in Europe—after Switzerland. The famous 15,000-year-old cave paintings at Altamira, shown in the videoclip, are an important attraction. Although the caves are closed to the public to prevent them from deteriorating, there is a museum nearby. Cantabria is also well-known for its beautiful beaches.

Colorín colorado

Replay the scene in Maribel's room in *¿Dónde está la carpeta?* without sound. Have students play the parts of Maribel, Verónica, Robertín, and Maribel's father by providing narration while the video plays. Encourage students to improvise.

Activity Master 1

De antemano ¿Dónde está la carpeta?

> **Supplementary Vocabulary**
> el dibujo *drawing*   la suerte *luck*
> una molestia *a bother*

CAPÍTULO 2

Viewing

1. Put a check mark next to the things Maribel mentions as she is packing her suitcase.

   _____ **a.** vaqueros   _____ **h.** guantes

   _____ **b.** jersey   _____ **i.** blusas

   _____ **c.** vestido   _____ **j.** diccionario

   _____ **d.** calcetines   _____ **k.** cámara

   _____ **e.** esquís   _____ **l.** raqueta de tenis

   _____ **f.** bañador   _____ **m.** zapatos

   _____ **g.** camisetas   _____ **n.** cinturón

2. The following phrases tell about how Maribel is feeling. Put a check mark next to the phrases that are true.

   _____ **a.** Está un poquito nerviosa.   _____ **d.** Está tranquila.

   _____ **b.** Está muy ocupada.   _____ **e.** Tiene sueño.

   _____ **c.** Tiene hambre.   _____ **f.** Está volviéndose loca.

Post-viewing

3. Where did Maribel think she left the folder? Circle the correct answer.

   a. en la maleta   **b.** en la silla   **c.** en el armario

4. Write **C** for **cierto** or **F** for **falso** next to each statement.

   _____ **1.** Robertín quiere ayudar a su hermana Maribel.

   _____ **2.** En Chicago no va a hacer mucho frío en invierno.

   _____ **3.** Maribel quiere escuchar música en el avión.

   _____ **4.** Robertín está haciendo un dibujo para Maribel.

5. What did Maribel do yesterday? What is she doing today? Show when by writing **hoy** *(today)* or **ayer** *(yesterday)* next to each statement.

   _____ **a.** hablar con tía Luisa

   _____ **b.** ir al banco

   _____ **c.** ir al aeropuerto

   _____ **d.** hacer la maleta

Activity Master 2

¿Dónde está la carpeta? (a continuación)

Viewing

1. Match each character with the phrase that he or she says.

   _____ 1. Maribel   **a.** Ésta eres tú.

   _____ 2. Robertín   **b.** ¿La encontrasteis? ¡Ay, qué molestia!

   _____ 3. Papá   **c.** Es el mejor dibujo del mundo.

   _____ 4. Abuela   **d.** ¿Cómo es la carpeta?

   _____ 5. Mamá   **e.** En alguna parte de la casa tiene que estar.

Post-viewing

2. Complete the following description of what happened in the video by writing the appropriate word from the word bank.

   silla   dibujo   busca   contentos   mejor   billete

   El padre de Maribel le pregunta dónde está su _____ de avión. Maribel le

   contesta que está en la _____, pero no está allí. Toda la familia

   _____ la carpeta y no la encuentra. Al final, todos ven que la carpeta está

   debajo del _____ de Robertín. Están muy _____ de en-

   contrarla. —¡Es el _____ dibujo del mundo! —dice Maribel.

3. Describe what's happening in the picture. Who are the characters? What does Maribel ask them to do?

   _____

   _____

   _____

   _____

   _____

   _____

   _____

   _____

   _____

CAPÍTULO 2

Activity Master 3

Panorama cultural

Supplementary Vocabulary

a cualquier país *to any country*	lindo/a *pretty*
los antepasados *ancestors*	las raíces *roots*
las fuentes *fountains*	los recursos naturales *natural resources*
la gente distinta a la mía *people different from my own*	

Viewing

1. Match each person with where he or she wants to go.

_____ 1. Mario   **a.** Francia

_____ 2. Ana María   **b.** a cualquier país

_____ 3. Fernando   **c.** Costa Rica

2. Circle any of the following words or phrases that you hear spoken in the video.

me encanta	**monumentos**	**playa**	**muchísimo**
estudiar	**los antepasados**	**recursos naturales**	**las fuentes**
comer	**las raíces**	**muchas razas**	**restaurantes**

3. Read each statement carefully and write **C** for **cierto** or **F** for **falso**.

_____ 1. Mario quiere conocer más de Costa Rica porque Costa Rica le encanta.

_____ 2. A Marta le gustaría vivir en Colombia porque de ahí vienen sus antepasados.

_____ 3. A Alex le interesan los monumentos, las fuentes y los museos de Roma.

Videoclips

Supplementary Vocabulary

la naturaleza *nature*	el pórtico *gateway*

Viewing

4. Put a check mark next to the items that you see in the videoclip.

_____ **a.** lighthouse   _____ **e.** skiing

_____ **b.** rocky coast   _____ **f.** windsurfing

_____ **c.** cave paintings   _____ **g.** mountains

_____ **d.** sailboats   _____ **h.** green valley

Post-viewing

5. Circle the phrase that you think best describes what the videoclip is about.

a. the end of a documentary about nature

b. a film about culture in Spain

c. an advertisement for people to visit a region of Spain called Cantabria

CAPITULO 2

Location: Valle de México

DVD Tutor, Disc 1
Videocassette 1
Start Time: 34:28
Length: 1:54
Pupil's Edition pp. 62–65

Students are not expected to understand everything in the Location Opener. The activities for this section have been designed to help them understand the major points.

 Teaching Suggestions

 The DVD Tutor contains all video material plus a video-based activity to assess student comprehension after viewing the Location Opener. Short segments are automatically replayed to prompt students if they answer incorrectly.

Pre-viewing

- Have students locate Mexico City on the map of Mexico on p. xxv of the *Pupil's Edition*. Point out that Mexico City is located in a mountainous part of Mexico, and that many other Mexican cities are located in the same region.

- Explain to students that the letters **D.F.** are an abbreviation for **Distrito Federal**. Make the comparison between the capital of Mexico (**Distrito Federal**) and the capital of the United States (District of Columbia).

- Point out that Mexico City lies south of the Tropic of Cancer. Ask students what effect this has on the climate. (The Tropic of Cancer marks the northernmost extent of the sun's direct rays in summer, meaning that sunlight is very direct in Mexico City throughout the year.)

- Tell students that Mexico City is built at an altitude of about 7,600 feet (2,320 m). Ask students what effect such a high altitude has on Mexico City's climate. Explain that air cools as it rises, so Mexico City is quite cool, despite being located in the tropics.

- You may want to give opportunity to students who have visited or lived in Mexico City to tell the class about what it is like. Students who are native speakers from Mexico City may wish to prepare a special presentation for the class describing what they find most interesting about life there.

- Tell students that Mexico City is often considered to be the world's largest city. Its metropolitan population has been estimated to be more than 20 million—about the same as the population of the entire state of Texas.

Viewing

Have students make a list of similarities they see between Mexico City and large cities in the United States. (skyscrapers, traffic, subway)

Post-viewing

- Have students mention what they learned from the video about the **Valle de México** that most surprised or interested them.

- Have students list at least three things about Mexico City that are different from their community, and three things that are the same.

Holt Spanish 2 ¡Ven conmigo!

Activity Master: Location Opener 2

Supplementary Vocabulary

un medio de transporte *a means of transportation*   las pirámides *pyramids*   se viaja mejor *one travels better*

Viewing

1. Circle the letter of the most appropriate completion, based on what you see and hear in the video.

   1. ¿El Valle de México está _____?
      a. cerca de Texas
      b. en el centro de México
      c. cerca de California

   2. Dos culturas indígenas de México son _____.
      a. la inca y la maya
      b. la olmeca y la chibcha
      c. la tolteca y la azteca

   3. No hay _____ en la Ciudad de México.
      a. museos y mercados
      b. playas y puertos
      c. teatros y restaurantes

   4. _____ es un medio de transporte económico y eficiente.
      a. El metro
      b. El automóvil
      c. El autobús

Post-viewing

2. Match each picture with the phrase that best describes it.

   a. **México tiene mucho que ofrecer por medio de sus museos, mercados, teatros.**

   b. **Su arte se inspira en las ricas culturas indígenas.**

   c. **Las ruinas de Teotihuacán nos hablan de una antigua sociedad avanzada.**

1. _____   2. _____   3. _____

3. If you were in Mexico City, and you wanted to visit a place that had been part of an ancient civilization, where might you go? Circle the letter of the best answer.

   a. Taxco
   b. Teotihuacán
   c. Cuernavaca

Holt Spanish 2 ¡Ven conmigo!

La vida cotidiana

Functions modeled in video:

 DVD 1 The DVD Tutor provides instant access to any part of the video program as well as the ability to repeat short segments as needed. The DVD Tutor also allows access to Spanish-language captions for all video segments as well as to video-based comprehension activities to assess student comprehension.

- talking about your daily routine
- talking about responsibilities
- complaining
- talking about hobbies and pastimes
- saying how long something has been going on

Video Segment	Correlation to Print Materials			Videocassette 1		Videocassette 5 (captioned)	
	Pupil's Edition	Video Guide		Start Time	Length	Start Time	Length
		Activity Masters	Scripts				
De antemano	pp. 68–69	p. 20	pp. 90–91	36:23	7:07	23:57	7:07
A continuación		p. 21	pp. 91–92	43:31	7:46	31:05	7:49
Panorama cultural	p. 75*	p. 22	pp. 92–93	51:18	3:58		
Videoclips		p. 22	p. 93	55:17	1:19		

 Video Synopses

De antemano *Una entrevista con Lupita Cárdenas*

Mónica Beltrán, a talk-show hostess, interviews Lupita Cárdenas, a famous actress, in her home. Lupita talks about her daily routine, and claims that her life is ordinary—although clearly that is not the case. Ana María, Miguel, and Andrés, who have been watching the interview on TV, decide to take a day trip to the pyramids at Teotihuacán. Andrés has just moved to Mexico City, and has not yet been to the pyramids. They hope to see Lupita there, filming her new documentary.

Una entrevista con Lupita Cárdenas (a continuación)

At the pyramids, Ana María, Miguel, and Andrés get a chance to talk to Lupita Cárdenas, but Miguel and Andrés find themselves speechless. After they each get an autographed photograph from Lupita, they explore the pyramids. Ana María had learned so much about Teotihuacán in her history class that the tourists mistake her for a guide. When the students get back to Mexico City, they feel that they have had a great day, having seen both the pyramids and their favorite actress.

Panorama cultural *¿Cuál es tu profesión?*

- Spanish-speaking people from Mexico, Florida, and Venezuela talk about their jobs and daily routines.
- In additional interviews, people from the Spanish-speaking world talk about their professions and daily routines.

Videoclips

- **Fagor:** advertisement for washing machine
- **Importadora Monje:** advertisement for washing machine

Holt Spanish 2 ¡Ven conmigo!

Video Guide **17**

Copyright © by Holt, Rinehart and Winston. All rights reserved.

The DVD Tutor contains all video material plus video-based activities to assess student comprehension of **De antemano, A continuación,** and **Panorama cultural.** Short video segments are automatically replayed to prompt students if they answer incorrectly.

De antemano *Una entrevista con Lupita Cárdenas*

Pre-viewing

- On the board or on a transparency, write a list of the activities that students do every day and a list of the ones they do only on some days. You might want to list the activities under the headings **A veces** and **Todos los días.** Ask students which of the activities on the lists they consider to be responsibilities and which ones they consider to be hobbies or pastimes.

- Have students describe what they think the daily routine of a famous movie star is like.

Viewing

- Have students count the number of pyramids shown as the video opens. (ten) Mention that the two large pyramids are called **la pirámide del sol** and **la pirámide de la luna.**

- Ask students to explain who each of the characters is. (Mónica Beltrán is the talk show hostess; Lupita Cárdenas is a famous movie star; Ana María, Miguel, and Andrés are students in Mexico City—Andrés has just moved there from León.)

- Pause or stop the video at the end of the interview with Lupita Cárdenas. Ask students whether they believe Lupita's account of her daily routine, and why or why not.

Post-viewing

- Ask students whether they believe that Lupita has any real responsibilities. Does she seem to think that she does? Have students explain what she does. (film documentaries, act, do interviews) Do students consider such tasks to be difficult?

- Have students explain what Ana María, Miguel, and Andrés plan to do, and when they plan to do it. (They plan to go the next day to Teotihuacán to see the pyramids, and hopefully to catch a glimpse of Lupita Cárdenas.)

Una entrevista con Lupita Cárdenas (a continuación)

Pre-viewing

Ask students to mention sites around the world where there are pyramids. (Examples are the pyramids in Egypt, Tikal in Guatemala, Angkor Wat in Cambodia, the Transamerica Pyramid building in San Francisco) Have students think of explanations for why people in so many times and places have built pyramids. (Possible answers: stable structure, interesting geometry)

Viewing

- Have students describe what Lupita does after she says, **casualmente aquí traigo unas fotos mías.** How likely do students think it is that she would have photos of herself with her? Ask students to use context to guess what **casualmente** means. (accidentally, coincidentally)

- Tell students that **Teotihuacán** was an ancient ruin by the time the Aztecs arrived. Nobody knows what caused the destruction of this city.

Post-viewing

- Ask students whether Ana María, Miguel, and Andrés felt they had a good day at Teotihuacán, and why. (meeting Lupita, showing Andrés the pyramids for the first time, having fun with Ana María acting as a tour guide)

- Ask students what Miguel said to Ana María in jest at the end of the episode. (She should become a tour guide.)

CAPÍTULO 3

Panorama cultural

Pre-viewing

Ask students to describe the working hours of their ideal job. Would they mind working long hours? Do they prefer working at night? Ask students whether they have a part-time job, and what its hours are.

Viewing

- Point out that ¿**cuál**? is used in the question ¿**Cuál es tu profesión**? Have students think of other questions that use ¿**cuál**? instead of ¿**qué**? (¿**Cuál es su nombre**? ¿**Cuál es tu número de teléfono**?)

- The first **Panorama cultural** activity on Activity Master 3 is based on the first three interviews only.

Post-viewing

- Ask students to give their opinions about which of the interviewees has the most interesting job. Which one has the most stressful job? Which interviewee do students think has the best daily routine?

- Ask students whether they have any family or friends whose profession or job is similar to those of the interviewees.

Videoclips

- Before students view the videoclips, have them think of an advertisement, as a class or working in groups, that persuades people to buy their brand of washing machine. Have students think of ways to make their ad distinctive and memorable.

- Play both videoclips without sound and have students observe carefully the products being promoted. Have students comment on how the washing machines compare to the ones they are used to seeing.

- Play the first videoclip with sound. Ask students why the ad claims the products to be **lavadoras inteligentes**. (Water temperature is computer-controlled.)

- Play the second videoclip with sound. Ask students what they think the ad means by **lavadoras semiautomáticas**. (requires some user intervention during washing cycle)

- After students have viewed both videoclips, ask them to discuss which of the two kinds of washing machines they would prefer, and why. (**Fagor** is computer-controlled and easier to use than **Monje**, but it is also more complicated and perhaps less reliable.)

- You might want to tell students that the first advertisement comes from Costa Rica and the second comes from Spain. Students who are native speakers may possibly note differences in the dialects of the speakers.

Colorín colorado

Have students imagine that they are being interviewed on Mónica Beltrán's TV talk show. How would they explain their daily routines to people whom they do not know? You might want to have students role-play Mónica and the interviewee. Students may wish to act out their roles in front of the class.

Activity Master 1

De antemano *Una entrevista con Lupita Cárdenas*

Viewing

1. Put a check mark next to the pictures that illustrate a part of Lupita Cárdenas' daily routine.

1. _____

2. _____

3. _____

4. _____

5. _____

6. _____

2. Circle the correct answer for each question.

1. How long has Lupita been playing the piano?

   a. Empezó la semana pasada.

   b. Hace veinte años.

2. How long has Andrés been living in Mexico City?

   a. Hace dos semanas.

   b. Hace un año y medio.

3. Write **C** for **cierto** or **F** for **falso** next to each statement. Rewrite the false ones to make them true.

_____ 1. Lupita Cárdenas se levanta todos los días a las siete y media.

_____

_____ 2. Lupita se lava los dientes en la cocina.

_____

_____ 3. Lupita gasta cinco minutos máximo en maquillarse.

_____

Holt Spanish 2 ¡Ven conmigo!

CAPÍTULO 3

Activity Master 2

Una entrevista con Lupita Cárdenas (a continuación)

Viewing

1. Complete the following sentences by drawing a circle around the appropriate word.

   1. La mamá de Miguel se levantó   <u>temprano / tarde</u>   para preparar unos sándwiches.

   2. Miguel no se levantó   <u>temprano / tarde</u>   para ayudarla, pero lavó los platos   <u>antes / después</u>.

   3. Andrés ayuda con los quehaceres,   <u>saca / quita</u>   la basura,   <u>pasa / quita</u>
      la aspiradora y   <u>limpia / ordena</u>   su cuarto.

2. Choose the correct completion for each of the sentences below.

   _____ 1. La pirámide del sol...

   _____ 2. Los primeros habitantes de Teotihuacán...

   _____ 3. Comenzaron la construcción de las pirámides...

   _____ 4. La población en esa época...

   _____ 5. Terminaron la construcción de la pirámide de la luna...

   _____ 6. Quetzalcóatl fue...

   a. más o menos hace dos mil años.

   b. es la estructura más grande de Teotihuacán.

   c. llegó hasta las doscientas mil personas.

   d. el dios azteca del aire y del viento.

   e. en el año 300 d.C. (después de Cristo).

   f. llegaron a México hace miles de años.

Post-viewing

3. Circle the letter of the correct answer to each question below.

   1. What did Ana María, Miguel, and Andrés ask Lupita Cárdenas to do for them?

      a. to give them a guided tour of the pyramids

      b. to autograph her photo for them

      c. to get up early to make them sandwiches

   2. According to Ana María, what is the largest structure at Teotihuacán?

      a. the Pyramid of the Sun

      b. the Pyramid of the Moon

      c. the Temple of Quetzalcóatl

   3. Why did tourists at Teotihuacán want to join Ana María, Miguel, and Andrés?

      a. It was Andrés' first time at Teotihuacán.

      b. Miguel had brought sandwiches.

      c. Everyone thought Ana María was a tour guide.

CAPÍTULO 3

Nombre _____ Clase _____ Fecha _____

████ **Activity Master 3**

Panorama cultural

┌───┐
Supplementary Vocabulary

el/la abogado/a *attorney, lawyer*   la madrugada *very early in the morning*
el/la licenciado/a *graduate*   volver a abrir *open again*
llegar hasta *to reach*
└───┘

Viewing

1. Draw a line from the name of the person to his or her profession. Then draw a line from the profession to his or her daily routine.

Fernando	vendedora de perfume	Se levanta a las siete y empieza a trabajar a las nueve.
Patricia	abogada	Comienza el trabajo muy temprano.
Guadalupe	licenciado en computación	Se despierta a las diez de la mañana.

2. Complete the following sentences by writing the missing times or numbers in the spaces.

1. Roy y su grupo musical hacen _____ *shows* los viernes y los domingos.

2. La tienda de Cristina generalmente abre a las _____ y media. Cierra a las _____ de la tarde hasta las _____. Luego vuelven a abrir hasta las _____ de la noche.

3. Óscar se levanta temprano, alrededor de las _____ y media.

4. El oficial Hernández se levanta a las _____ menos diez de la madrugada para estar a las _____ y media en el cuartel.

5. Diego es paseador de perros. Lleva los perros al parque y cada perro pasea unas _____ horas, más o menos.

Videoclips

┌───┐
Supplementary Vocabulary

no se preocupe *don't worry*   se equivoca *make a mistake*   el tejido *fabric*
se encarga *takes charge of*   semiautomático *semiautomatic*
└───┘

Viewing

3. Put the following phrases in the order in which they are spoken in the first videoclip.

_____ **a.** Tecnológicamente fantásticas.

_____ **b.** De la temperatura del agua se encarga la lavadora.

_____ **c.** Las nuevas lavadoras inteligentes de Fagor tienen un programa para tejidos muy delicados.

_____ **d.** Nueva generación de lavadoras inteligentes de Fagor.

_____ **e.** Si Ud. se equivoca al elegir un programa, no se preocupe.

22 Video Guide

Holt Spanish 2 ¡Ven conmigo!

Copyright © by Holt, Rinehart and Winston. All rights reserved.

CAPÍTULO 3

¡Adelante con los estudios!

Functions modeled in video:

- asking for and giving opinions
- giving advice
- talking about things and people you know
- making comparisons
- making plans

DVD 1 The DVD Tutor provides instant access to any part of the video program as well as the ability to repeat short segments as needed. The DVD Tutor also allows access to Spanish-language captions for all video segments as well as to video-based comprehension activities to assess student comprehension.

Video Segment	Correlation to Print Materials			Videocassette 2		Videocassette 5 (captioned)	
	Pupil's Edition	Video Guide		Start Time	Length	Start Time	Length
		Activity Masters	Scripts				
De antemano	pp. 96–97	p. 26	pp. 93–94	1:13	7:03	38:55	7:03
A continuación		p. 27	p. 94	8:17	5:25	45:59	6:10
Panorama cultural	p. 109*	p. 28	pp. 94–95	14:03	2:24		
Videoclips		p. 28	p. 95	16:28	0:46		

 Video Synopses

De antemano *Podemos trabajar juntos*

Ana María and Miguel talk to Andrés, a new student, about school. In particular, they discuss the challenging history class of Professor Ramírez and the current project in their art class. Miguel is especially worried about the art project, and so the three students make plans to do their project together the next day in Chapultepec Park. The next morning they meet at the Metro station, according to plans, but Andrés gets separated from Ana María and Miguel in the station. They are worried because this is his first time to ride the Metro.

Podemos trabajar juntos (a continuación)

Andrés reaches Chapultepec before Ana María and Miguel do. While he is waiting for them, he makes friends with some girls who turn out to be his neighbors. While working on their drawings of **el monumento a los Niños Héroes**, Andrés advises Miguel to draw more expressively. The students get thirsty and decide to go for something to drink. On the way, Ana María and Miguel tell Andrés about what an interesting place Chapultepec is. They return and finish their drawings. Inspired by his appetite, Miguel overcomes his doubts about his artistic ability and draws a hamburger as a joke.

Panorama cultural *¿Qué haces después del colegio?*

- Students from Argentina, Mexico, and Ecuador talk about what they do after school.
- In additional interviews, students from various Spanish-speaking countries describe their after-school activities.

Videoclips

Homenaje al maestro: call for nominations for a teacher-of-the-year award in Colombia

Teaching Suggestions

 The DVD Tutor contains all video material plus video-based activities to assess student comprehension of **De antemano, A continuación,** and **Panorama cultural.** Short video segments are automatically replayed to prompt students if they answer incorrectly.

De antemano *Podemos trabajar juntos*

Pre-viewing
- Have students make a list of the most challenging and the easiest classes that they have had in high school. You may want to write some of their reasons on the board or on a transparency, and encourage a class discussion about what determines how challenging a class is.

- Ask students what they do whenever they have an assignment that seems overwhelming. Do students feel that it is helpful to study with other students who have the same assignment, or is it easier to work alone?

Viewing
- Explain to students that **padre** and **qué buena onda** are used by many young people in Mexico to say that they like something. You may wish to ask students what expressions they have that are similar. (Possible answers are *cool* and *awesome.*)

- Ask students to explain how Ana María and Miguel describe Professor Ramírez. (**es un profesor excelente, me gusta mucho, es muy buena gente, es mejor que muchos otros profesores**) Ask students how the characters in the video describe Ramírez' class. (**Su clase fue difícil.**) What advice does Ana María give Andrés regarding Ramírez' class? (**Para sacar una buena nota en su clase tienes que aplicarte mucho.**)

Post-viewing
Have students discuss how they think Andrés feels after getting separated from his friends the first time he rides the Metro. Would students feel confident that they could find their way alone? Ask students what they would do if a friend or family member had been left behind on the subway platform. Would they decide to catch the next train going back to the station? What problems or confusions might that cause?

Podemos trabajar juntos (a continuación)

Pre-viewing
Conduct an informal discussion in which students talk about art and drawing. Do students find it easier to draw realistically or to draw abstractly? Which kind of drawing do they find more expressive? What advice would students who have been practicing their drawing skills for a longer time give to those students who are just starting out?

Viewing
- Explain to students that **el monumento a los Niños Héroes** commemorates the young cadets who died in 1847 defending the military school at Chapultepec Castle against an invading army from the United States. Chapultepec Park covers 40 square miles. It has an amusement park, three lakes, and eight museums. **Chapultepec** means *grasshopper hill*, in Náhuatl, the language of the Aztecs.

- Have students point out each time a character makes a suggestion for something the group can do together. Pause or stop the video each time and ask students what the characters say to express their wishes. (examples are: **¿Qué tal si tomamos algo? ¿Por qué no vamos al parque? Podemos ir al cine, ¿no?**)

Post-viewing
Ask students to explain who Rocío and Consuelo are. (They are sisters; they live near Andrés.) Do students think it was likely that Andrés would meet people who turn out to be neighbors in a city the size of Mexico City? You may want to give students a chance to talk about similar experiences they have had in meeting people they know in large cities.

Holt Spanish 2 ¡Ven conmigo!

CAPÍTULO 4

Panorama cultural

Pre-viewing
- Ask students to name some of their after-school activities, and write them on the board or on a transparency. Ask students how they think the after-school activities of students in Spanish-speaking countries may be different from theirs.
- Have students look at the drawings in Activity 2 on Activity Master 3, p. 28 and circle the pictures of the activities that they do after school.

Viewing
- Ask students what after-school activity Victoria, Jennifer, and Marcela have in common. (**Voy a mi casa.**)
- Ask students which of the interviewees seems the most studious, and why. **La mayoría del tiempo, pues estudiando... me la paso revisando.**)
- If using the *Expanded Video Program*, ask students how many of the interviewees mention that they watch television at night. (two: Leonardo and Vivian) Ask students how this compares with their after-school routines. Do students feel they can afford the time to watch television, or does it sometimes interfere with doing homework, playing sports, or spending time with family and friends?
- The first **Panorama cultural** activity on Activity Master 3 is based on the first three interviews only.

Post-viewing
Ask students which of the interviewees go out again after coming home from school. (All of them do.) Ask students if they customarily have activities away from home in the evening.

Videoclips

- You may want to prepare students for the videoclip by having them think of situations in which a teacher works outside a classroom. Ask students what qualities they believe good teachers usually have.
- Explain to students that the videoclip is from Antioquia, a region in Colombia. Antioquia includes Medellín, a major city in Colombia.
- After playing the videoclip, you may want to have students work in groups and nominate three teachers whom they would like to see receive a teacher-of-the-year award.

Colorín colorado

Have students write a note to a new friend who has been going to their school for only a few weeks. In the note, students should tell the new friend about their teachers and classes. Students should mention familiar people and places in their school or community, and ask the new friend whether or not he or she knows them already. When finished writing their notes, you may want to play *Podemos trabajar juntos* again to give students a chance to look for more expressions to add to their notes.

Activity Master 1

De antemano *Podemos trabajar juntos*

Viewing

1. Match each person with what he or she says in the video.

a. Ana María   **b.** Miguel   **c.** Andrés

_____ 1. Los profesores son menos exigentes.

_____ 2. Deberías tomar historia con el profesor Ramírez.

_____ 3. ¿Qué tal si vamos a tomar algo? Tengo sed.

_____ 4. No debes preocuparte tanto.

_____ 5. ¿Por qué no vamos al parque de Chapultepec?

Post-viewing

2. What do the three friends plan to do in Chapultepec Park? Circle the correct answer.

     a. Piensan nadar en la piscina.

     b. Quieren dibujar el monumento y el castillo.

     c. Van a patinar allí.

3. Complete the following short conversations from the video with the appropriate words or phrases from the word bank.

> qué te parece   conoces al   no lo conozco   no debes   por qué no

     1. —Bueno, Andrés, hace tres semanas que estás en la capital, ¿y _____ el colegio?

     —Este colegio me parece padrísimo, hombre.

     2. —¿_____ profesor Ramírez, Andrés? Es el señor que lleva los anteojos.

     Está allá en las escaleras.

     —No, todavía _____.

     3. —¿_____ hacemos algo con Beatriz el domingo? ¿Qué les parece?

     —A mí me parece bien.

     4. —¿Saben? Estoy algo preocupado por ese proyecto.

     —Miguel, _____ preocuparte tanto por el proyecto.

CAPÍTULO 4

Holt Spanish 2 ¡Ven conmigo!

Nombre _____ Clase _____ Fecha _____

 Activity Master 2

Podemos trabajar juntos (a continuación)

Supplementary Vocabulary		
la banca *bench*	orgulloso/a *proud*	tardar *to be late, to take a long time*
el dibujo *drawing*	sentir *to feel*	terminar *to finish*

Viewing

1. Put a check mark next to each phrase that is spoken in the video.

_____ **a.** Y ya está... ¿qué les parece?

_____ **b.** Hombre, está muy feo, ¡mira Rocío!

_____ **c.** ¿Qué les pasó? ¿Por qué tardaron tanto?

_____ **d.** Perdón, nos perdimos.

_____ **e.** Se llaman Rocío y Consuelo... viven muy cerca de mi casa.

_____ **f.** Bueno, aquí estamos. Debemos empezar, ¿no?

_____ **g.** Debes... no sé... sentir tu arte un poco más.

_____ **h.** Estoy orgulloso de mi dibujo.

_____ **i.** ¿Cómo que tomar algo...? Hace poco que estamos aquí.

_____ **j.** ¿Por qué no tomamos algo primero?

_____ **k.** Yo quiero comer algo... tengo hambre.

_____ **l.** ¡Tú siempre tienes hambre!

Post-viewing

2. Put the following sentences from the video in the correct order.

_____ **a.** Sí, terminé mi dibujo también, pero estoy dibujando uno más... es que por fin estoy sintiendo mi arte, ¡y lo que siento es que tengo hambre!

_____ **b.** Estoy un poco preocupado. No encontramos a Andrés en la estación del metro.

_____ **c.** Mira, Miguel, debes... no sé... sentir tu arte un poco más.

_____ **d.** ¿Qué les pasó? ¿Por qué tardaron tanto? Yo la pasé muy bien. Comencé a hablar con esas dos chicas. Se llaman Rocío y Consuelo.

_____ **e.** Mira, ¡qué buena onda! Está allá sentado en la banca.

_____ **f.** Bueno, terminé este dibujo. ¿Y ustedes? ¿Terminaron?

3. Match each person to the description of him or her from the video.

_____ 1. Ana María

_____ 2. Miguel

_____ 3. Andrés

_____ **a.** Tú tienes mucho talento.

_____ **b.** Tú siempre tienes hambre.

_____ **c.** ¡Qué trabajadora eres!

CAPÍTULO 4

Holt Spanish 2 ¡Ven conmigo!   Video Guide **27**

Copyright © by Holt, Rinehart and Winston. All rights reserved.

Activity Master 3

Panorama cultural

Supplementary Vocabulary

de vuelta *again*　　　　　　　　la pelota *ball*　　　la quinta *country villa*
hacer deberes *to do homework*　　la pista *track*

Viewing

1. Choose the correct completion for each sentence, according to what the interviewees say.

_____ 1. Después del colegio...　　　　　　　**a.** practico jazz.

_____ 2. Me voy a mi casa, voy a bailar,...　　**b.** recibo clases de francés.

_____ 3. Luego del colegio...　　　　　　　　**c.** me voy a mi casa.

2. Check the appropriate boxes to indicate what each person does after school.

Flavio					
Paula					
Juan Fernando					
David					
Maricela					
Leonardo					
Vivian					
Martín					

Videoclips

Supplementary Vocabulary

el campesino *farmer*　　　　　　　　　　　el premio *prize*
instruir *to instruct*　　　　　　　　　　　sonreír *to smile*
el maestro *teacher*　　　　　　　　　　　el tirante *string, support*
postule su candidato *submit the name of your candidate*

Viewing

3. Match each phrase to what is being shown in the video when the phrase is spoken.

_____ 1. El tirante debe estar directamente　　**a.** children sitting outside and
　　　　 proporcional a cada extremo...　　　　　　singing

_____ 2. Quiero instruir al campesino para que...　**b.** people working together to till soil

_____ 3. ...y hasta las propias penas nos hacen　　**c.** man holding a kite
　　　　 sonreír.

CAPÍTULO 4

Holt Spanish 2 ¡Ven conmigo!

Location Opener for Chapters 5-6

Location: Texas

DVD Tutor, Disc 1
Videocassette 2
Start Time: 17:28
Length: 2:03
Pupil's Edition pp. 124–127

Students are not expected to understand everything in the Location Opener. The activities for this section have been designed to help them understand the major points.

Teaching Suggestions

> The DVD Tutor contains all video material plus a video-based activity to assess student comprehension after viewing the Location Opener. Short segments are automatically replayed to prompt students if they answer incorrectly.

Pre-viewing

- Have students locate Texas on the map of the United States on p. xxvii of the *Pupil's Edition*. Point out that about half of the U.S.-Mexican border is between Mexico and Texas. Have students point out the cities in Texas that have Spanish names. (Amarillo, El Paso, Laredo, and San Antonio)

- Have students locate the three Texan cities that are paired with a Mexican city. Have students name the cities in the pairs. (El Paso and Ciudad Juárez, Laredo and Nuevo Laredo, Brownsville and Matamoros)

- Ask how many students have ever visited or lived in Texas, and in which city or cities.

- Have students name the things they associate with Texas. You may want to list these on the board or on a transparency as students are naming them.

- Tell students that Texas is the second largest state in the United States in terms of population and size. Have students name the largest state (Alaska) and the most populous state (California).

- Mention that about one in every four Texans is Hispanic. In many cities, such as San Antonio, over half of the population is Hispanic.

Viewing

- Have students make a list of the things shown in the video that they associate with Mexico. (possible answers: mariachi band, folk dancing)

- Ask students to name the countries mentioned in the video that have had an impact on Texas. (Spain, Mexico, Germany)

Post-viewing

- Ask students which parts of Texas they would most like to visit, and what makes those places attractive.

- Have students mention what they learned about Texas from the video that most surprised or interested them. Was there at least one assumption that they had previously held about Texas challenged in the video? Were any of the things they associated with Texas portrayed in the Location Opener?

Activity Master: Location Opener 3

Viewing

Supplementary Vocabulary

bello/a *beautiful*	pintoresco/a *picturesque, pretty*
construido/a *built*	los vaqueros *cowboys*
la herencia *heritage*	vivo/a *alive*

1. Circle the letter of the most appropriate completion based on what you see and hear in the video.

1. _____ grupos étnicos forman el estado de Texas.
   a. Veintiocho
   b. Más de veintiocho
   c. Menos de veintiocho

2. Pioneros _____ fundaron varios pintorescos pueblos.
   a. italianos
   b. japoneses
   c. alemanes

3. En Texas, _____.
   a. una persona entre cuatro es hispana
   b. una persona entre diez es hispana
   c. cuatro mil personas son hispanas

4. _____ es una ciudad única por sus ejemplos de arquitectura colonial.
   a. Houston
   b. Dallas
   c. San Antonio

5. Una de las más bellas misiones de San Antonio es _____.
   a. la Misión de San José
   b. la Misión de San Antonio
   c. la Misión de Amarillo

6. Esa misión fue construida en _____.
   a. 1514
   b. 1845
   c. 1720

Post-viewing

2. Match each picture with the statement that best describes it.

a.

b.

c.

_____ 1. Muchos grupos étnicos forman el estado de Texas.

_____ 2. Las misiones de San Antonio son ejemplos de la arquitectura española en los Estados Unidos.

_____ 3. En Texas, la herencia mexicana está viva.

3. If you wanted to see an example of Spanish architecture in the United States, which city in Texas might you visit? Circle the letter of the best answer.
   a. Houston
   b. El Paso
   c. San Antonio

Holt Spanish 2 ¡Ven conmigo!

¡Ponte en forma!

Functions modeled in video:

- talking about staying fit and healthy
- telling someone what to do and not to do
- giving explanations

The DVD Tutor provides instant access to any part of the video program as well as the ability to repeat short segments as needed. The DVD Tutor also allows access to Spanish-language captions for all video segments as well as to video-based comprehension activities to assess student comprehension.

Video Segment	Correlation to Print Materials			Videocassette 2		Videocassette 5 (captioned)	
	Pupil's Edition	Video Guide		Start Time	Length	Start Time	Length
		Activity Masters	Scripts				
De antemano	pp. 130–131	p. 34	p. 96	19:32	4:40	51:30	4:40
A continuación		p. 35	pp. 96–97	24:13	4:59	56:11	5:02
Panorama cultural	p. 147*	p. 36	p. 97	29:13	2:42		
Videoclips		p. 36	p. 98	31:56	3:14		

Video Synopses

De antemano *Él dice... Ella dice*

In separate conversations with friends, Jimena and Gustavo explain that they worked out together on Saturday. Each, however, has a different version of how it went. Jimena claims that she worked out hard but that Gustavo is in such bad shape he did nothing but complain and look for excuses to stop. Gustavo tells his friend just the opposite.

Él dice... Ella dice (a continuación)

Jimena and Gustavo admit that their versions of the Saturday workout were somewhat exaggerated. They explain to Carla and Pedro that they are both out of shape and that neither was able to do much exercise. They discuss a plan to get in shape. Then the four friends enter the art gallery, where Jimena's brother, Cristóbal, has his first show.

Panorama cultural *¿Qué haces para mantenerte en forma?*

- Students from Texas, California, Ecuador, and Puerto Rico tell us what they do to stay in shape.
- In additional interviews, students from various Spanish-speaking countries tell us how they maintain good health.

Videoclips

Cuidado con Paloma: music video

Teaching Suggestions

 DVD 1 The DVD Tutor contains all video material plus video-based activities to assess student comprehension of **De antemano, A continuación,** and **Panorama cultural.** Short video segments are automatically replayed to prompt students if they answer incorrectly.

De antemano *Él dice... Ella dice*

Pre-viewing
- Review with students the parts of the body.
- Ask students if they exercise with a friend. What are the advantages and disadvantages, if any, of exercising with a friend?
- Ask students if they have ever exaggerated a story to make themselves look better or make someone else look worse than they really were. Why did they do it?

Viewing
- Show the video without sound and have students write a short dialogue of their own to match what they see. Have four students volunteer to read their characters' dialogues as the class watches the video.
- Play the video with sound. Have students write a list of the different types of exercise mentioned in the video. Ask students to share with the class their lists. You may want to write these on the board or on a transparency. If the class missed any, add them to the list. (**hacer ejercicio, correr, levantar pesas, saltar a la cuerda, hacer abdominales**)

Post-viewing
Write **Él dice** on one side of the board and **Ella dice** on the other. Ask students what each friend's version of the story was. Write their responses on the board or on a transparency.

Él dice... Ella dice (a continuación)

Pre-viewing
- Have students speculate on what the real truth might be about the Saturday workout.
- Ask if anyone remembers where Jimena and Carla are going.
- Ask students if they were to meet an artist during a gallery exhibition, what sorts of questions would they ask him or her?

Viewing
- You may want to pause the video after Carla says **hay un gato encerrado**. Write the expression on the board and ask students to guess its meaning. What similar expression do we have in English? (Let the cat out of the bag.)
- Point out to students that the video characters are in La Villita, in downtown San Antonio. La Villita is a cluster of 27 restored buildings housing restaurants, crafts shops, and art galleries.

Post-viewing
- Ask students what confession Jimena and Gustavo make. (They were both stretching the truth to suit themselves.)
- Have students work in groups of four and create a short dialogue based on the following similar scenario: two students who play doubles in tennis lose a match and both say that they played better than the other.

Holt Spanish 2 ¡Ven conmigo!

Panorama cultural

Pre-viewing

Ask students what they do to stay in good health. (They should answer in Spanish if possible.) Do a quick class survey. Ask how many participate in a team or individual sport. Which sports? How many work out in a gym? How many pay attention to what they eat? How many walk, run, or do aerobics? Record the results on the board or on a transparency.

Viewing

- Ask students to write the following on a sheet of paper: Sports, Workout in a Gym, Healthy Food. As they watch the video, they should write a check mark under each category as it is mentioned by the interviewees. When finished, have students compare the number of check marks they wrote for each category.

- The first **Panorama cultural** activity on Activity Master 3 is based on the first four interviews only.

Post-viewing

- Ask students if they think they are more, or less, health-conscious than the interviewees.

- Ask students if they can think of the benefits of exercising that go beyond simply looking good and maintaining "fitness." Then replay the comments of Minerva and María Ester and help students with the girls' comments if they don't completely understand them. Discuss as a class the benefits that the girls mention. (**es saludable, uno se siente con energía, se siente bien con su cuerpo, no se enferma tan rápido, no se cansa, para mantener una buena imagen hacia los demás y para uno mismo**)

Videoclips

- Hold a class discussion about how important personal appearances are. Ask students whether they think that people spend too much time and money on how they look.

- Tell students that they will be watching a rock video that makes fun of a woman who is obsessed with changing the way she looks. Show the videoclip first without sound and tell students to make a list of the parts of the body they think the woman wants to change.

- Play the videoclip with sound and have students try to name the people that Paloma wants to look like. (Lady Di, Bo Derek, Stephanie)

- You may want to play the videoclip again and give students a chance to read the subtitles before they do Activity 3 on Activity Master 3, p. 36.

Colorín colorado

Have students work in small groups to create a public service television message suggesting a variety of ways to maintain good health. Students can use vocabulary relating to exercise, diet, and other areas covered in the video. Remind students that they will want to use commands. Encourage students to use visual aids, and make sure that each student in the group has a role to play. If equipment is available, you may want to have students videotape their ads.

CAPÍTULO 5

Activity Master 1

De antemano *Él dice... Ella dice*

Pre-viewing

Supplementary Vocabulary
medio muerto/a *half dead*

1. What do you do to get or stay in shape?

_____

_____

_____

Viewing

2. Put a check mark next to the claims that Jimena and Gustavo make.

Jimena:

_____ 1. Salté a la cuerda por veinte minutos.

_____ 2. Yo hice ejercicios.

_____ 3. Gustavo sólo dio excusas.

_____ 4. Jugamos al voleibol.

_____ 5. Fuimos al nuevo gimnasio.

_____ 6. Nadé en la piscina por una hora.

_____ 7. Gustavo salió sin poder moverse ni un dedo.

_____ 8. Hice abdominales.

Gustavo:

_____ 1. Fuimos a correr.

_____ 2. Descansamos después.

_____ 3. Yo estoy en plena forma.

_____ 4. Levanté pesas por dos horas.

_____ 5. Jimena se quejó del dolor en sus brazos.

_____ 6. Jugamos al tenis.

_____ 7. Salté a la cuerda.

_____ 8. Hice ejercicio aeróbico en el gimnasio.

Post-viewing

3. Assume that Jimena's claims are true. Write one or two sentences telling Gustavo what he should do to stay in shape.

_____

_____

_____

_____

_____

4. Assume that Gustavo's claims are true. Write one or two sentences telling Jimena what she should do to stay in shape.

_____

_____

_____

_____

_____

Holt Spanish 2 ¡Ven conmigo!

Activity Master 2

Él dice... Ella dice (a continuación)

> **Supplementary Vocabulary**
>
> exagerar *to exaggerate*   razonable *reasonable*
> intentar *to try, to attempt*   tener éxito *to succeed*
> el paisaje *landscape*

Viewing

1. Circle the letter of the drawing that best illustrates Jimena and Gustavo's exercise program.

     a.   **b.**   **c.**   **d.**

2. Put a check mark next to the sentences you hear in the video.

_____ **a.** Decidimos en este momento comenzar caminando.

_____ **b.** Nadamos una milla este fin de semana.

_____ **c.** ¿Y qué pasó de verdad en el gimnasio?

_____ **d.** Es una exhibición excelente.

_____ **e.** No me gustan los colores de ese cuadro.

_____ **f.** Trabajo principalmente en colores pasteles.

Post-viewing

3. Circle the correct completion to each sentence.

   1. Jimena y Gustavo _____ ponerse en forma.
     a. necesitan   **b.** no necesitan   **c.** no quieren

   2. Jimena y Gustavo corrieron apenas _____.
     a. media milla   **b.** cinco millas   **c.** por cinco minutos

   3. Van a _____ en el parque tres veces por semana.
     a. correr   **b.** caminar   **c.** montar en bicicleta

   4. También van a _____ tres veces por semana.
     a. jugar al voleibol   **b.** ir a la galería   **c.** ir al gimnasio

4. Put the following events in the correct order.

_____ **a.** Jimena introduces Cristóbal to her friends.

_____ **b.** Carla wants to point out a painting to her friends.

_____ **c.** Cristóbal explains his art to Gustavo.

_____ **d.** The four friends talk on the bench.

CAPÍTULO 5

Activity Master 3

Panorama cultural

Supplementary Vocabulary		
la buena imagen *good image*	las máquinas *(exercise) machines*	solía *I used to*
los ejercicios de elasticidad *stretching exercises*	saludable *healthy*	trotar *to jog*

Viewing

1. Write a check mark on the line next to each category every time you hear something from that category mentioned in the first four interviews.

   exercise _____

   diet _____

   Based on the number of check marks, what did most of the interviewees talk about?

   _____

2. Match the following people with the type of exercise they do or healthful habit they have.

   _____ 1. Gretchen   **a.** trotar

   _____ 2. Marina   **b.** ejercicios cardiovasculares

   _____ 3. José Antonio   **c.** hacer pesas y fierro

   _____ 4. José Guillermo   **d.** baile

Videoclips

Supplementary Vocabulary		
el antojo *whim*	los labios *lips*	las patas de gallo *crow's feet*
arrugado/a *wrinkled*	las lentillas *contact lenses*	el quirófano *operating room*
la cirugía *surgery*	los mofletes *cheeks*	sacar brillo *to shine*
la goma *rubber*	el ombligo *belly button*	las uñas *nails*
las hombreras *shoulder pads*	la papada *double chin*	la vil *despicable woman*

Post-viewing

3. Use the words in the word bank to write the chorus of the song.

es	goma	que	Paloma	han	dicho	me	con	de	Cuidado	que

   _____

   _____

   _____

Holt Spanish 2 ¡Ven conmigo!

De visita en la ciudad

Functions modeled in video:
- asking for and giving information
- relating a series of events
- ordering in a restaurant

The DVD Tutor provides instant access to any part of the video program as well as the ability to repeat short segments as needed. The DVD Tutor also allows access to Spanish-language captions for all video segments as well as to video-based comprehension activities to assess student comprehension.

Video Segment	Correlation to Print Materials			Videocassette 2		Videocassette 5 (captioned)	
	Pupil's Edition	Video Guide		Start Time	Length	Start Time	Length
		Activity Masters	Scripts				
De antemano	pp. 160–161	p. 40	p. 98	35:23	3:43	1:01:14	3:42
A continuación		p. 41	p. 99	39:07	4:41	1:04:57	4:47
Panorama cultural	p. 171*	p. 42	pp. 99–100	44:04	2:23		
Videoclips		p. 42	p. 100	46:28	1:42		

 Video Synopses

De antemano *En el restaurante*

Jimena, Carla, Pedro, and Pedro's Mexican cousin Guadalupe are having lunch together in a San Antonio restaurant. Over lunch they discuss the sightseeing Guadalupe and Pedro have done. They also get to know a new waitress, Marisa, and see how she struggles with her new job.

En el restaurante (a continuación)

While still at the restaurant, Pedro finishes telling about the places he showed Guadalupe during her stay in San Antonio. They went to the Tower of the Americas, the Alamo, and La Villita, where Guadalupe bought gifts for her family in a Texas boutique.

Panorama cultural *¿Cómo llegas al colegio?*

- Students from Mexico, Costa Rica, and California tell us what modes of transportation they use to get to school.
- In additional interviews, students from various Spanish-speaking countries tell how they get to and from school.

Videoclips

- **Alcaldía de Medellín:** public service announcement
- **Restaurante Mira Melinda:** restaurant review

The DVD Tutor contains all video material plus video-based activities to assess student comprehension of **De antemano, A continuación,** and **Panorama cultural.** Short video segments are automatically replayed to prompt students if they answer incorrectly.

De antemano *En el restaurante*

Pre-viewing
- Ask students what they know about San Antonio. If they're not familiar with the city, what do they imagine it to be like?

- Have students brainstorm a list of food that they know is eaten by Spanish-speaking people. Depending on what part of the country they live in, they might be more familiar with Mexican, Cuban, or Puerto Rican food, for example. In Texas, what's often known as Mexican food is actually Tex-Mex; that is, the food of Mexican Americans living in Texas. This includes, for instance, **tacos** (crispy corn tortilla shell with beef or chicken), **burritos** (soft flour tortilla shell stuffed with meat and/or refried beans), and **fajitas** (grilled strips of beef or chicken with onions and green peppers). Encourage Hispanic students to share recipes of typical dishes.

Viewing
- Make sure students know who the characters are. Ask them to write down the name of the only person who does not order Mexican food. What does that person order?

- Explain that **mole** is a Mexican sauce made of chocolate, peanuts, spices, and chile peppers.

Post-viewing
- Check to see how much information students gleaned about the Misión San José. Ask, **¿Es vieja o nueva la misión? ¿Es grande o pequeña?** Explain that the Spanish established missions from the 1500s to the 1800s to convert American Indians to Christianity and to help expand the Spanish empire. The missions were settlements where Native American families lived and worked alongside the monks and were indoctrinated in religion and Spanish customs.

- Have students get into groups of two or three. They should imagine that a friend or cousin is coming into town for one day and wants to sightsee. Have them make a list of everything they should do and see, restaurants and parks they should go to, etc., for that one day.

En el restaurante *(a continuación)*

Pre-viewing
- Ask students if they like to go shopping when they visit other cities. Do they buy souvenirs? Do they usually bring back gifts for friends and family? Do they usually look for something typical of the area they're visiting? If someone were visiting their own city or area, what would be the most typical gift they could get for family and friends back home? Write these ideas down on the board or on a transparency and have the class vote on the best thing this person could buy.

- Go over the meaning of **picante** vs. **caliente**. Mention a few foods and dishes and have students indicate if they're "spicy" hot or "temperature" hot. (soup, **jalapeños**, chili, coffee)

Viewing
Ask students what items Guadalupe rejects as gifts for her father. (cowboy boots, cowboy hat) What does Guadalupe end up buying. (**mermelada de jalapeño**) Explain that **jalapeño** is a green, spicy pepper.

Post-viewing
- Have students relate a series of events that happened to them on their last vacation or have them relate what Pedro and Guadalupe did on their sightseeing trip. Have them use phrases like **Para empezar, a continuación, luego.**

Holt Spanish 2 ¡Ven conmigo!

CAPÍTULO 6

Panorama cultural

Pre-viewing

- Tell students that the first interviewee is from Taxco, a picturesque city located between Mexico City and Acapulco. Narrow streets lead up and down steep hills throughout the city, which is famous for its silver. The whole city is declared a national monument, which means that houses and buildings can only be made in the local style.

- Conduct a survey on how the students in the class usually get to school. Write on the board or on a transparency the following categories: **carro, autobús, bicicleta, a pie, metro** and any other modes of transportation your students might mention. Record how many students use the various types of transportation.

Viewing

- Have students listen for the different modes of transportation the people in the interviews mention. What are they? (**combi, carro, bus, a pie,** *trolley,* **camión, auto, microbús, colectivo, taxi**) Show the video a second time to allow students to confirm their answers.

- Tell students that the interviewees use several different words for bus. Have them write down the words **combi, colectivo, microbús, bus,** and **camión**. Replay the video and have students write the country where each of these words are used.

- The first **Panorama cultural** activity on Activity Master 3 is based on the first three interviews only.

Post-viewing

Ask students if there are any types of transportation mentioned in the interview that are different from those mentioned by their classmates in the survey. Did their classmates mention any ways of getting to school that the interviewees don't use?

Videoclips

- Tell students that the first videoclip is an ad from the government of Medellín, Colombia, urging citizens to take action. Ask students if they think citizens have a responsibility to help solve the problems of their city and if so, how. Do they participate in bettering their community? (e.g., volunteer work, writing letters to elected officials)

- Play the first videoclip. Have students identify the words they see displayed on the screen. (**denuncie, opine, participe, llame**) What do they think the government of Medellín wants them to do?

- Tell students they will find out about a restaurant in Puerto Rico in the second videoclip. Ask students how restaurants are usually advertised on television (mouth-watering food, friendly servers, happy customers, beautifully set tables and decorations, etc.)

- Play the second videoclip and ask students to write down the year that the restaurant was founded. (1968) Have them write down two things about the restaurant that look attractive to them.

Colorín colorado

Using the map on page 167 of the *Pupil's Edition*, have students imagine they're sightseeing in San Antonio. In groups of four, have them role-play a restaurant scene like the one in *En el restaurante*. Have them order their food, and while they wait for it, describe what sights and tourist attractions they've seen in the city, and how they got around the city.

Activity Master 1

De antemano *En el restaurante*

Supplementary Vocabulary		
aunque *although*	fundar *to found*	la lancha *boat*

Viewing

1. Put the following statements about Pedro and Guadalupe's sightseeing in the correct order.

_____ **a.** Tomaron el autobús al centro.   _____ **d.** Fueron a las calles Main y Commerce.

_____ **b.** Pasearon por todo el centro.   _____ **e.** Vieron la Misión San José.

_____ **c.** Se levantaron a las ocho.

2. Match each person to the food he or she ordered.

_____ 1. Jimena   **a.** los tacos vegetarianos

_____ 2. Carla   **b.** las enchiladas de mole

_____ 3. Pedro   **c.** la hamburguesa con queso

_____ 4. Guadalupe

Post-viewing

3. Write **C** for **cierto** or **F** for **falso** next to each statement. If a statement is false, rewrite it in the space below so that it becomes true.

_____ 1. Hoy es el primer día de trabajo para la mesera.

_____

_____

_____ 2. Guadalupe pide un plato mexicano porque casi nunca come comida mexicana.

_____

_____

_____ 3. Pedro y Guadalupe se levantaron muy tarde el sábado.

_____

_____

_____ 4. Tomaron un autobús al centro y pasearon por todo el centro.

_____

_____

_____ 5. Un hombre le pidió direcciones a Pedro a la Misión San José.

_____

_____

CAPÍTULO 6

Activity Master 2

En el restaurante (a continuación)

Supplementary Vocabulary

la frontera *border*   por poco *almost*   la vista *view*
la mermelada *jam*   sabroso/a *tasty*

Viewing

1. Put a check mark underneath the picture of the place Guadalupe would like to return.

a. _____   b. _____   c. _____

2. Put a check mark next to the sentences you hear in the video.

_____ **a.** Despacio, despacio. Sólo pasamos un día viendo la ciudad, pero lo que más me gustó...

_____ **b.** ¡Pobre Marisa! Ojalá le vaya mejor mañana.

_____ **c.** — *May I help you?*
— ¿Habla usted español?

_____ **d.** Me gustó muchísimo ver el Álamo.

_____ **e.** Mira, Pedro, hay una tienda de cosas texanas.

Post-viewing

3. Choose the correct completion to each sentence below.

1. Lo que más le gustó a Guadalupe fue _____.
   a. la zapatería   **b.** el Museo de las Américas   **c.** la Torre de las Américas

2. Guadalupe quiere comprar _____.
   a. algo típico de Texas   **b.** algo mexicano   **c.** un sombrero

3. El hombre en la tienda _____.
   a. no vende cosas tejanas   **b.** nació en la frontera   **c.** no habla español

4. La comida que se vende en la tienda es _____.
   a. mermelada de fruta   **b.** mermelada de jalapeño   **c.** queso picante

4. Put a check mark next to the items that Lupe could see from the top of the **Torre de las Américas**.

_____ 1. el mar   _____ 4. el centro

_____ 2. el Álamo   _____ 5. el Paseo del Río

_____ 3. el campo   _____ 6. el museo

CAPÍTULO 6

Activity Master 3

Panorama cultural

Supplementary Vocabulary	
el colectivo *minivan (Arg.)*	el microbús *minivan (Costa Rica)*
el combi *minivan*	se detienen *they stop*
los horarios fijos *fixed schedules*	las subidas *hills*

Viewing

1. Match the person in each picture with his or her corresponding statement.

       a   b   c

_____ 1. Voy al colegio en bus o voy a pie. Otras veces voy con un compañero en el carro de su papá.

_____ 2. Yo uso el *trolley* y el bus. A veces el bus es más rápido porque pasa cada quince minutos.

_____ 3. Llego al colegio a pie o a veces en combi, que les decimos burritas.

2. Which of the following modes of transportation are mentioned by the interviewees? Check all that apply, as many times as they are mentioned.

_____ **a.** a pie (caminando)   _____ **c.** microbús   _____ **e.** taxi

_____ **b.** carro (auto)   _____ **d.** camión   _____ **f.** motocicleta

Videoclips

Supplementary Vocabulary		
la Alcaldía *Mayor's Office*	denuncie *denounce*	opine *give your opinion*
los clientes *customers*	escondido/-a *hidden*	participe *participate*
comprométase con *commit yourself to*	los esfuerzos *efforts*	rodear *to surround*
el conejo *rabbit*	la ladera *side (of a mountain)*	
corre la gama *runs the gamut*	el menú criollo *native dishes*	

Viewing

3. Put a check mark next to the claims the public service announcement makes.

_____ 1. Debes contar tus problemas personales a toda la gente de Medellín.

_____ 2. Los problemas de Medellín son nuestros problemas también.

_____ 3. El 9-800-42-111 es una línea para gente que tiene ideas y soluciones.

_____ 4. Si necesitas información sobre la temperatura puedes llamar al 9-800-42-111.

Location: El Caribe

DVD Tutor, Disc 2
Videocassette 3
Start Time: 1:15
Length: 2:24
Pupil's Edition pp. 186–189

Students are not expected to understand everything in the Location Opener. The activities for this section have been designed to help them understand the major points.

 Teaching Suggestions

 The DVD Tutor contains all video material plus a video-based activity to assess student comprehension after viewing the Location Opener. Short segments are automatically replayed to prompt students if they answer incorrectly.

Pre-viewing

- Have students locate Cuba, the Dominican Republic, and Puerto Rico on the map of the Caribbean region on p. xxiv of the *Pupil's Edition*. Then, have them locate the same places on the world map on p. xxviii. Point out that the Caribbean countries are halfway between North and South America. Ask students to name the U.S. state that lies directly to the north of Cuba. (Florida)

- Have students name the things they associate with the Caribbean. You may want to list these on the board or on a transparency. Ask students what they have seen or read that has given them those mental images.

- Ask students what **Puerto Rico** means in English. (Rich Port)

- Students who are native speakers from Puerto Rico or another part of the Caribbean may wish to prepare a special presentation for the class. Possible topics include everyday life in that country and interesting places to visit.

Viewing

- Show the Location Opener without sound and ask students to list the different types of terrain they see. (beaches, mountains, jungles)

- Play the Location Opener with sound. Ask students to name the Spanish explorer mentioned in the video. (Christopher Columbus) Where did he first arrive? (Dominican Republic)

Post-viewing

- Review the students' list of things they associate with the Caribbean. Ask students if the video confirmed their expectations or modified them.

- You may want to ask students to pick one of the Hispanic Caribbean islands (or a Spanish explorer of the Caribbean) and go to the library to find out more about the place (or person).

Activity Master: Location Opener 4

<table>
<tr><td colspan="2">Supplementary Vocabulary</td></tr>
<tr><td>cristalinas clear</td><td>disfrutar to enjoy</td></tr>
<tr><td>los deportes acuáticos water sports</td><td>holandés/esa Dutch</td></tr>
</table>

Viewing

1. Match the words that go together in the video.

_____ 1. playas	**a.** cristalinas
_____ 2. aguas	**b.** cultura
_____ 3. montañas	**c.** blancas
_____ 4. bosques	**d.** verdes
_____ 5. rica	**e.** acuáticos
_____ 6. islas	**f.** hispanas
_____ 7. deportes	**g.** tropicales

Post-viewing

2. Choose the best completion for each statement below.

_____ 1. En las islas caribeñas puedes ver...

a. para disfrutar de los deportes acuáticos.

_____ 2. Millones de turistas vienen al Caribe...

b. playas blancas, montañas verdes y bosques tropicales.

_____ 3. El Yunque, el Museo Casals y el Parque de Bombas están en...

c. Puerto Rico.

3. Imagine you work for an advertisement agency. Use what you learned in the video to write a two-sentence ad convincing people that the Caribbean is the best place to visit.

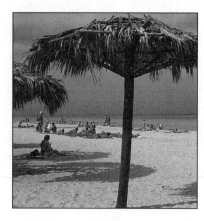

_____

_____

_____

_____

_____

_____

_____

_____

Holt Spanish 2 ¡Ven conmigo!

¿Conoces bien tu pasado?

Functions modeled in video:
- talking about what you used to do
- saying what you used to like and dislike
- describing what people and things were like
- using comparisons to describe people

 DVD2 The DVD Tutor provides instant access to any part of the video program as well as the ability to repeat short segments as needed. The DVD Tutor also allows access to Spanish-language captions for all video segments as well as to video-based comprehension activities to assess student comprehension.

Video Segment	Correlation to Print Materials			Videocassette 3		Videocassette 5 (captioned)	
	Pupil's Edition	Video Guide		Start Time	Length	Start Time	Length
		Activity Masters	Scripts				
De antemano	pp. 192–193	p. 48	p. 101	3:40	7:09	1:09:45	7:11
A continuación		p. 49	pp. 101–102	10:50	7:50	1:16:57	7:52
Panorama cultural	p. 209*	p. 50	pp. 102–103	18:41	2:40		
Videoclips		p. 50	p. 103	21:22	4:38		

 ## Video Synopses

De antemano *En aquellos días*

For a class project, Rogelio interviews his great-uncle Martín to find out about life in Puerto Rico during the 1940s. Uncle Martín describes what his family was like and what they used to do. He tells Rogelio about his relationship with his late brother, who was also named Rogelio. Uncle Martín begins to tell the story about when he jumped into the water to save what he thought was a little girl drowning.

En aquellos días (a continuación)

Uncle Martín tells Rogelio how the girl he thought he was saving was actually a doll that belonged to Aunt Lucila, and that is how the two met and fell in love. Rogelio continues to discuss life in the 40s with Uncle Martín while they walk to the market. They meet Luis, a friend of Rogelio, who is visiting from New York. Rogelio and Luis visit different sites and take pictures of Ponce for an album Luis wants to give his mother for her birthday.

Panorama cultural *¿De quién es esta estatua?*

- Students from Costa Rica, Puerto Rico, and Venezuela tell us about monuments and statues in their region.

- In additional interviews, people from various Spanish-speaking countries tell us about important figures represented by local statues and monuments.

Videoclips

Como hemos cambiado: music video

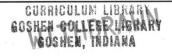

DVD2 The DVD Tutor contains all video material plus video-based activities to assess student comprehension of **De antemano, A continuación,** and **Panorama cultural.** Short video segments are automatically replayed to prompt students if they answer incorrectly.

De antemano *En aquellos días*

Pre-viewing
- Have students work in small groups and describe their own families or an imaginary family to the other members of their group. Have them mention whether the family is big or small, which members of the family live with them, and what kinds of activities they do together.

- Native speakers may wish to interview elderly family members to find out what life was like for a typical teenager when they were young. Have them report their findings to the class in Spanish.

- Have students imagine what life was like for a high school student 40 or 50 years ago. What do they think some favorite pastimes were then? What do they think are some of the major differences, if any, between teenagers back then and teenagers today?

Viewing
Have students write three lists: one of the words and phrases Uncle Martín uses to describe his mother, one of the things he and his brother used to like to do, and one of the kinds of foods his family used to eat during their Sunday picnics. You may want to replay Uncle Martín's monologue several times.

Post-viewing
- Ask students why Rogelio is interviewing his uncle. (for a class project) Ask them why it might be important to get information from interviewing older members of society.

- Have students describe the relationship between Uncle Martín and his brother Rogelio. Ask them what happened to Rogelio. (He died when he was 23 years old.)

En aquellos días (a continuación)

Pre-viewing
- Ask students to tell the story of how their parents, grandparents, or aunts and uncles met. If they prefer, have them invent a story about how two people met and fell in love.

- Have students do research at the public library to find out facts about what their town was like 40 or 50 years ago. Have them look up old newspaper articles and try to find photographs of what their town used to look like.

Viewing
- Ask students to list the differences and similarities that Uncle Martín mentions when he compares the plaza when he was young to the plaza now. (There were no modern cars or buses; people also played dominoes and baseball back then.)

- Ask students what gift Luis is going to give his mother. (**un álbum de fotos**)

- Have students list the places that Luis and Rogelio go to take pictures. (**la antigua casa de Luis, el mercado, la Catedral, la calle Isabel**)

Post-viewing
Ask students the following questions to check their understanding of the video episode:
1. Why did finding the doll in the water change Uncle Martín's life?
2. Why does Luis think that his mother would like to have a photo album of Ponce?
3. Who are the two people that Luis takes a picture of in front of his old house?
4. Why does Luis choose to go to the **mercado** to take pictures?

CAPÍTULO 7

Panorama cultural

Pre-viewing

Ask students to list statues and monuments in their area and talk about the people they represent. Then, ask them to name what types of figures are most likely to be commemorated with statues and monuments. You may wish to write these categories on the board or on a transparency. (**presidentes, héroes de guerra, descubridores, líderes políticos, escritores, artistas, estrellas de cine, deportistas**) For each of the categories, have students brainstorm to give names of people who are likely to be included in that group.

Viewing

- Have students write the name of the one figure mentioned who is not a political figure. (Juan Morel) You may want to have them write the name of the interviewee who mentions it instead, if they have problems understanding the name of the figure. (Annie)

- The first **Panorama cultural** activity on Activity Master 3 is based on the first three interviews only.

- Have students name the two countries Gabriela mentions which San Martín liberated in addition to Argentina. (Peru, Chile)

Post-viewing

- Ask students who the countries mentioned in the video were liberated from. (Spain) Discuss with students the liberation of Latin America from Spain and ask them to draw comparisons with the American Revolution. Who can they compare Simón Bolívar to? (George Washington)

- Have students prepare short presentations on the important figures mentioned in the interviews. (**León Fernández Bonilla, Juan Morel Campos, Simón Bolívar, Juan Rafael Mora, San Martín**)

Videoclips

- Ask students who their best friend was when they were in elementary school. What was he or she like? What did they like to do? Do they still know each other?

- Have students tell about the friends they have had in the past that they've grown apart from. Ask them why they have gone their separate ways.

- Have a class discussion about how the video reflects the song's theme of past friendships lost.

- Ask students if they think that the girls in the video are portraying the singer and her friends when she was young. Why?

Colorín colorado

Have students bring in a photograph of themselves and friends when they were younger. Ask them to write a paragraph describing what everyone in the picture was like back then, and what they used to do together. If students prefer, they could use a similar type of photograph from a magazine. Then, have them compare their friends and family to Uncle Martín's friends and family. You may want several students to present their photographs and paragraphs to the class.

CAPÍTULO 7

Activity Master 1

De antemano *En aquellos días*

Supplementary Vocabulary		
la arena *sand*	la época *period of time*	el lío *trouble, mess*
competir *to compete*	la grabadora *tape recorder*	

Viewing

1. Put a check mark next to the phrases which describe tío Martín's brother Rogelio.

_____ 1. Nació en 1947.

_____ 2. Era mayor que Martín.

_____ 3. Era alto.

_____ 4. No le gustaba correr.

_____ 5. Siempre competía con Martín.

_____ 6. Siempre ganaba.

_____ 7. Murió cuando tenía 23 años.

_____ 8. Era muy cómico.

Post-viewing

2. Circle the letters of the pictures which illustrate an activity that Uncle Martín and his family used to do on Sundays.

a.   b.   c.   d.

3. Write **C** for **cierto** or **F** for **falso** next to each statement. If a statement is false, rewrite it in the space below so that it becomes true.

_____ 1. Rogelio habla con su tío Martín sobre la vida en Puerto Rico cuando tío Martín era un joven.

_____

_____ 2. Rogelio tiene que escribir un reportaje sobre la entrevista para su clase de matemáticas.

_____

_____ 3. Tío Martín dice que en aquellos días la vida era más difícil que ahora.

_____

_____ 4. La familia de tío Martín era pequeña. Eran tres en casa.

_____

Holt Spanish 2 ¡Ven conmigo!

CAPÍTULO 7

Activity Master 2

En aquellos días (a continuación)

Supplementary Vocabulary	
el álbum de fotos *photo album*	la muñeca *doll*
el dominó *dominoes*	la tía abuela *great aunt*
enamorarse de *to fall in love*	el/la vecino/a *neighbor*

Pre-viewing

1. If you were to move away, what people and places would you want pictures of to remind you of the old days? Write the names of three people and three places around your town that have special meaning to you.

Personas

1. _____
2. _____
3. _____

Lugares

1. _____
2. _____
3. _____

Viewing

2. Circle the letters of the pictures that depict activities that Uncle Martín said could be found in the plaza when he was young.

   a.   b.   c.   d.

3. Number the following people and places in the order in which Luis and Rogelio photograph them.

_____ **a.** la calle Isabel   _____ **c.** el mercado

_____ **b.** los vecinos   _____ **d.** la madre de Luis.

Post-viewing

4. Match the person in the picture with the statement he or she might have said.

_____ 1. Llegué a Ponce ayer.

_____ 2. Yo salvé la muñeca de su hermanita.

_____ 3. Oye, allí viene tu mamá.

_____ 4. Cuando iba a la plaza no había autobuses modernos.

_____ 5. Mi mamá y ella eran muy amigas. Ellos vivían al lado de nosotros.

_____ 6. Bueno aquí tienes la lista. Necesito habichuelas, cebollas y arroz.

a. Tío Martín   b. Luis

c. Rogelio   d. Tía Lucila

CAPÍTULO 7

Activity Master 3

Panorama cultural

Supplementary Vocabulary

el archivo *file*	el ejército *army*	independizarse *to become independent*
el/la compositor,-a *composer*	el/la embajador,-a *ambassador*	el/la libertador,-a *liberator*
la danza *dance*	la estatua *statue*	libertar *to liberate*
la democracia *democracy*	el héroe *hero*	luchar *to fight*
el/la descendiente *descendent*	el/la historiador,-a *historian*	

Viewing

1. Write **C** for **cierto** or **F** for **falso** next to each statement.

_____ 1. León Fernández Bonilla fue embajador de Costa Rica.

_____ 2. León Fernández Bonilla luchó contra los españoles.

_____ 3. Juan Morel Campos es un líder político.

_____ 4. Juan Morel Campos fue un gran compositor de danza.

_____ 5. Simón Bolívar liberó a varios países latinoamericanos.

2. Match the name of each famous person with his accomplishment.

_____ 1. León Fernández Bonilla   **a.** Organizó un ejército para defender Costa Rica.

_____ 2. Juan Morel Campos   **b.** Fue compositor.

_____ 3. Simón Bolívar   **c.** Libertó a Argentina, Perú y Chile.

_____ 4. Juan Rafael Mora   **d.** Fue el primer historiador de Costa Rica.

_____ 5. San Martín   **e.** Luchó contra los españoles en Venezuela.

Videoclips

Supplementary Vocabulary

abandonar *to abandon*	cumplir *to complete*	hemos olvidado *we have forgotten*
la amistad *friendship*	ha quedado *has remained*	el sueño *dream*
la confianza *trust*	hemos cambiado *we have changed*	

Post-viewing

3. Use the words in the word bank to write the chorus to the song.

ay	como	que	hemos	ha
lejos	cambiado	aquella	amistad	quedado

_____

_____

Holt Spanish 2 ¡Ven conmigo!

Diversiones

CAPÍTULO 8

Functions modeled in video:

The DVD Tutor provides instant access to any part of the video program as well as the ability to repeat short segments as needed. The DVD Tutor also allows access to Spanish-language captions for all video segments as well as to video-based comprehension activities to assess student comprehension.

- describing a past event
- saying why you couldn't do something
- reporting what someone said

Video Segment	Correlation to Print Materials			Videocassette 3		Videocassette 5 (captioned)	
	Pupil's Edition	*Video Guide*		Start Time	Length	Start Time	Length
		Activity Masters	Scripts				
De antemano	pp. 222–223	p. 54	pp. 103–104	26:16	6:30	1:24:50	6:31
A continuación		p. 55	pp. 104–105	32:47	5:10	1:31:22	6:12
Panorama cultural	p. 233*	p. 56	p. 105	39:10	4:01		
Videoclips		p. 56	p. 105	43:12	00:59		

 Video Synopses

De antemano *Pasarlo bien en Ponce*

After a friendly game of checkers, Luis, Norma, and Rogelio recount their weekend activities to Uncle Martín. They talk about how on Friday they went to a movie and ate dinner at a friend's house. Then, the three tell Uncle Martín about their bike ride and lunch at the café on Saturday.

Pasarlo bien en Ponce (a continuación)

The three friends continue their story. They explain how after lunch they played checkers, went roller skating and then sat by the wharf and reminisced about old times. They also made plans to go to a party. Finally, they tell Uncle Martín that they spent Sunday at the beach. As they wrap up their conversation, Uncle Martín challenges the three to another game of checkers.

Panorama cultural *¿Cuáles son las fiestas más importantes de tu ciudad o país?*

- Spanish-speaking people from Ecuador, Miami, and Spain tell us about festivals that are important in their region.

- In additional interviews, people from various Spanish-speaking countries tell us how they celebrate important festivals in their region.

Videoclips

Los Sanfermines: informational report about the activities that take place during the week-long festival of **San Fermín** in Pamplona, Spain

CAPÍTULO 8

De antemano *Pasarlo bien en Ponce*

Pre-viewing
- Ask students what kind of board games they like to play. Give them the Spanish words for some of the more common games like chess and checkers. (**ajedrez, damas**) If Spanish versions of popular games are available, you may wish to make them accessible to students for after school use.

- Have students make a list of five things they did the previous weekend. Then have them rate each activity as **muy interesante, interesante, regular, un poco aburrido,** or **muy aburrido.**

Viewing
- Have students list the two kinds of board games that are mentioned in the episode. (**dominó, damas**) Then, ask them who won playing dominoes and who won playing checkers. (Uncle Martín, Norma)

- Have students list at least one activity that the three friends did for each day during the week-end.

Post-viewing
- Have students explain why Luis didn't wake up on time Saturday morning. (He was tired.) Then ask them why Rogelio was late when meeting Luis and Norma. (He had household chores to do.)

- Ask students what Luis thinks of Ponce. (**Es la ciudad más bonita de Puerto Rico.**) From what they have seen in Ponce, would they like to live there? Why or why not?

Pasarlo bien en Ponce (a continuación)

Pre-viewing
- Ask students where Luis lives. (New York) Point out that over 1.5 million Spanish-speakers live in New York City, and many are from Puerto Rico.

- Ask students if they have ever had to move to another place and make new friends. Did they miss the place they moved from? What kind of things did they like about their old town and what things were better in the new place?

Viewing
- Ask students who won the game of checkers between Luis and Norma. (Norma) How do they know? (Norma says **ganadora** instead of **ganador.**)

- Have students write at what time the three friends finish playing checkers (3:00) and at what time they go skating. (4:00)

Post-viewing
- Ask students why Norma, Rogelio, and Luis refer to themselves as the **tres mosqueteros.**

- Have students discuss whether they think Luis likes living in New York or would prefer to move back to Ponce. Have them back up their opinion with specific things Luis says. Then ask them whether they would prefer to live in New York or Ponce, and why.

- Ask students what Uncle Martín thinks of Rogelio, Luis, and Norma's adventures in Ponce. Would he like to go with them next time? Why or why not?

CAPÍTULO 8

Panorama cultural

Pre-viewing
- Ask students what the most important festivals are in their area. These may be local or national. Discuss with students the special activities associated with each of these festivals. Ask students what the significance or purpose of the festivals is.
- Point out to students that holidays are secular or non-secular. Have students name popular religious and non-religious holidays in the United States.

Viewing
- Have students make a list of all the celebrations that are mentioned in the interviews. Have them listen again and write at least one way each of the holidays are celebrated.
- The first **Panorama cultural** activity on Activity Master 3 is based on the first three interviews only.

Post-viewing
- Ask students how the holidays described in the interviews are similar to or different from the ones they celebrate.
- Have students interview their classmates about different holidays by asking, **¿Cuál es la fiesta más importante para ti? ¿Por qué?**
- Have students compare the important celebrations in San Antonio that Gloriela describes with important celebrations in their region of the United States. Do they celebrate **Cinco de Mayo**? Tell them that many Texans celebrate **Cinco de Mayo** as a way of affirming their Mexican American heritage. **Cinco de Mayo** commemorates Mexico's victory over French invaders at the Battle of Puebla on May 5, 1862.

Videoclips

- Ask students if they have ever heard of the **Festival de San Fermín**, or the Running of the Bulls, in Pamplona, Spain. You may want to have students who have read *The Sun Also Rises* by Ernest Hemingway give a short presentation of the novel's portrayal of this festival.
- Play the videoclip once without sound to give students an idea of the activities during the **San-fermines**.
- Play the videoclip with sound and ask students what activities mark the beginning of the festival. Tell them that **fuegos artificiales** means fireworks. Explain to them that the main firework launched from the balcony at the beginning of the videoclip is referred to as a **chupinazo**, a term borrowed from soccer meaning a kick that sends the ball a long way.

Colorín colorado

Imagine that you are Luis from *Pasarlo bien en Ponce*. Write an entry in a travel journal describing the places you visited, the people you talked to, and the things you did.

Activity Master 1

De antemano *Pasarlo bien en Ponce*

Viewing

1. Put a check mark next to the household chores that Rogelio says he had to do before meeting Norma and Luis.

 a. _____    b. _____

 c. _____    d. _____

Post-viewing

2. Indicate whether Rogelio, Luis, and Norma did the following activities on **(a.) viernes** or **(b.) sábado**.

_____ 1. Montaron en bicicleta.   _____ 4. Se reunieron en la plaza.

_____ 2. Vieron una película.   _____ 5. Comieron en el café de tío Martín.

_____ 3. Comieron en la casa de unos amigos.

3. Write **C** for **cierto** or **F** for **falso** next to each statement. If a statement is false, rewrite it in the space below so that it becomes true.

_____ 1. Rogelio tiene que regresar a Nueva York mañana por la mañana.

_____

_____ 2. Norma ganó el partido de damas que jugaba con Luis.

_____

_____ 3. Cuando Norma sacó la basura, se le rompió la bolsa.

_____

_____ 4. Los tres jóvenes montaban en bicicleta muchísimo.

_____

CAPÍTULO 8

Holt Spanish 2 ¡Ven conmigo!

Activity Master 2

Pasarlo bien en Ponce (a continuación)

Pre-viewing

1. If you were leaving town and only had one more weekend to spend with your friends, how would you spend your time? List three activities you would want to do.

   _____ 1.   _____ 2.   _____ 3.

Viewing

2. Match the character to the statements that he or she makes.

   _____ 1. Comimos tanto que no queríamos hacer absolutamente nada.

   _____ 2. Cuando vivías aquí, jugábamos mucho a las damas.

   _____ 3. Las cosas que hacíamos, ¿verdad? ¡Los pobres profesores!

   _____ 4. Éramos como los tres mosqueteros. ¡Todos por uno y uno por todos!

   _____ 5. Los sándwiches estuvieron fantásticos.

   a. Rogelio   **b. Luis**   **c. Norma**

3. Circle the activities that Luis does while he's visiting Ponce.

   1.   2.   3.   4.

Post-viewing

4. Write **C** for **cierto** or **F** for **falso** next to each statement.

   _____ 1. Después de comer, Rogelio, Luis y Norma jugaron al dominó.

   _____ 2. Rogelio ganó el partido.

   _____ 3. Los amigos patinaron sobre ruedas.

   _____ 4. Los abuelos de Luis dieron una fiesta.

CAPÍTULO 8

Activity Master 3

Panorama cultural

Supplementary Vocabulary

la bandurria *bandure (stringed instrument)*	la gaseosa *soft drink*	la población *population*
la batalla *battle*	gozar *to enjoy*	la reina *queen*
el cerdo *pork*	la libertad *liberty*	el saxofón *saxophone*
el cordero *lamb*	la mula *mule*	la trompeta *trumpet*
la corrida *bullfight*	la patrona *patron*	

Viewing

1. Match each festival with the phrase that describes it.

_____ 1. la fiesta de la Fundación de Quito   **a.** celebración de los cubanoamericanos

_____ 2. la fiesta de la Calle Ocho   **b.** desfiles por las calles

_____ 3. la fiesta de la Virgen del Castillo   **c.** platos como el cerdo, el cordero y el pollo

2. Indicate whether the following people describe a historical celebration, a religious celebration, or both, by writing **H** for **histórico**, **R** for **religioso**, or **A** for **ambos**.

_____ 1. Juan René   _____ 4. Emily   _____ 7. Damaris

_____ 2. Jaime   _____ 5. Álvaro   _____ 8. María Luisa

_____ 3. Daniel   _____ 6. Gloriela

Post-viewing

3. Which holidays might you celebrate if you were in the following places on the dates indicated below?

_____ 1. Ponce en febrero   **a.** fiestas patronales

_____ 2. Quito, el 5 de diciembre   **b.** el Día de la Fundación

_____ 3. Costa Rica, el 11 de abril   **c.** la batalla de Rivas

_____ 4. Ponce en diciembre   **d.** Carnaval

Videoclips

Supplementary Vocabulary

el alcalde *mayor*	los fuegos artificiales *fireworks*	la peña *club*
el/la cortador,-a *cutter*	el muñeco *doll*	la piedra *rock*

Viewing

4. Put a check mark next to the things mentioned as part of the **Festival de San Fermín.**

_____ 1. danza   _____ 3. artesanía   _____ 5. desfiles

_____ 2. música   _____ 4. competiciones   _____ 6. comida

CAPÍTULO 8

Holt Spanish 2 ¡Ven conmigo!

Location Opener for Chapters 9-10

Location: Los Andes

DVD Tutor, Disc 2
Videocassette 3
Start Time: 44:26
Length: 2:30
Pupil's Edition pp. 248–251

Students are not expected to understand everything in the Location Opener. The activities for this section have been designed to help them understand the major points.

 Teaching Suggestions

 The DVD Tutor contains all video material plus a video-based activity to assess student comprehension after viewing the Location Opener. Short segments are automatically replayed to prompt students if they answer incorrectly.

Pre-viewing

• Have students locate the Andes mountains on the map of South America on p. xxvi of the *Pupil's Edition*. Point out that they run the entire length of the continent. Ask students to use context to determine what **cordillera** means. (mountain range)

• Have students point out the countries in the Andean region. (Venezuela, Colombia, Ecuador, Perú, Bolivia, Chile, Argentina) In five of those countries—Colombia, Ecuador, Perú, Bolivia, and Chile—the majority of the people live in the Andean highlands, and the countries are referred to as **países andinos**.

• Using the world map on pp. xxviii-xxix of the *Pupil's Edition*, students may compare the length of Chile with the width of the United States. Chile is 2,700 miles (4,350 km) long, nearly as long as the United States is wide.

• Point out that La Paz, Bolivia—the world's highest capital—is over 12,000 feet (3,700 m) high. Ask students what effect living at high altitudes has on the heart and lungs, and why. (Air is thinner at higher altitudes, making it more difficult for the body to get the oxygen it needs; people living at high altitudes develop greater cardiovascular efficiency—stronger hearts and lungs for delivering oxygen to tissue more effectively.)

Viewing

• Point out to students that the bird shown at the beginning of the Location Opener is a South American condor. Explain that condors have become an endangered species due to indiscriminate hunting, but this is also complicated by the fact that the female lays only one egg every other year and condors do not breed until they are five or six years old.

• Ask students to name the two indigenous communities mentioned in the video. (**quechua, aimara**) Tell students that the Aymaras lived in the Andean region long before the Incas. Today, about 60% of the total Aymara population lives in Bolivia. Most are bilingual speakers of Aymara and Spanish. In Peru, about a fourth of the population speak Quechua or some other indigenous language.

Post-viewing

Ask students what in the Andean region they would like to visit or learn more about. Some students may wish to prepare a report about a particular subject or place, such as the indigenous people of the Andes region, or native plants or animals, such as the potato, the llama, or the alpaca.

Activity Master: Location Opener 5

Supplementary Vocabulary		
el alimento *food*	andino/a *from the Andes*	desde *from*

Viewing

1. Choose the completion to each statement below.

   1. Los Andes corren _____.
      a. desde Texas hasta California
      b. desde Venezuela hasta el sur de Chile
      c. desde México hasta Argentina

   2. La Paz, Bolivia, está a casi _____ pies de altura.
      a. 12.000
      b. 2.000
      c. 6.000

   3. El lago Titicaca está entre _____.
      a. Ecuador y Colombia
      b. Chile y Argentina
      c. el Perú y Bolivia

   4. Dos comunidades indígenas andinas son _____.
      a. la quechua y la aimara
      b. la azteca y la tolteca
      c. la maya y la olmeca

   5. Los aimaras viven _____ y la papa.
      a. del cultivo del arroz
      b. de la pesca
      c. de la llama

   6. Quito es la capital _____.
      a. del Perú
      b. del Ecuador
      c. de Bolivia

Post-viewing

2. What is the name of the lake in the picture? Why is it unique?

   _____

3. What important food—consumed throughout the world—did the video say is native to the

   Andes? _____

4. If you wanted to do high altitude training to become a top-ranking athlete, which city might you sometimes want to train in to improve your heart and lungs? Circle the letter of the best answer.
   a. Miami
   b. Los Angeles
   c. La Paz, Bolivia

CAPÍTULO 9

¡Día de mercado!

Functions modeled in video:

DVD2 The DVD Tutor provides instant access to any part of the video program as well as the ability to repeat short segments as needed. The DVD Tutor also allows access to Spanish-language captions for all video segments as well as to video-based comprehension activities to assess student comprehension.

- asking for and giving directions
- asking for help in a store
- talking about how clothes look and fit
- bargaining in a market

CAPÍTULO 9

Video Segment	Correlation to Print Materials			Videocassette 3		Videocassette 5 (captioned)	
	Pupil's Edition	Video Guide		Start Time	Length	Start Time	Length
		Activity Masters	Scripts				
De antemano	pp. 254–255	p. 62	p. 106	46:57	4:10	1:37:35	4:10
A continuación		p. 63	p. 107	51:08	5:19	1:41:46	5:21
Panorama cultural	p. 267*	p. 64	pp. 107–108	56:28	2:37		
Videoclips		p. 64	p. 108	59:06	0:59		

Video Synopses

De antemano *Un misterio en Cuenca*

Adriana and Rafael are shopping in Cuenca for a sweater and a hat. They read in the newspaper that some artifacts are missing from the museum where their Aunt Carolina works. Later, they mistakenly pick up another man's bag at an outdoor market and find one of the artifacts inside.

Un misterio en Cuenca (a continuación)

Adriana and Rafael identify the artifact as the one shown in the newspaper article. They decide to go to the police but after being pursued by the mysterious man, they go instead to the site of some Incan ruins where their Aunt Carolina is giving a class. To their great relief, she identifies it as merely a well-made replica.

Panorama cultural *¿Dónde compras tu comida?*

- Spanish-speaking people from Costa Rica, Venezuela, and Argentina tell us where they go to buy their food and groceries.
- In additional interviews, people from various Spanish-speaking countries talk about where they go shopping for food.

Videoclips

El Corte Inglés: advertisement for a Spanish department store chain

Holt Spanish 2 ¡Ven conmigo!

Video Guide **59**

CAPÍTULO 9

De antemano *Un misterio en Cuenca*

Pre-viewing

- Have students locate Cuenca, Ecuador, on the map on p. 249 of the *Pupil's Edition*. Point out that Cuenca is 3° south of the equator and 2,530 meters (8,300 feet) above sea level. Considering both latitude and altitude, what do students think the weather is like? (Cuenca is very cool year-round.)

- Explain to students that both open-air markets and supermarkets can be found in Cuenca, as in other Spanish-speaking cities. In the open-air markets, one can buy handicrafts such as **ponchos**, hats, wall hangings, and rugs.

Viewing

- Play the video without sound once and ask students to summarize the main events. (Two teenagers go shopping for a sweater; they go to an open-air market; they pick up the wrong bag; they open the bag and discover a pre-Colombian artifact.)

- Ask students how many times the store clerk gives Adriana and Rafael directions. To what places? (twice; to the dressing room and to the **mercado de artesanías**)

- Ask students whether they agree with Rafael or with Adriana about how well the sweater fits Rafael.

Post-viewing

- Ask students what things Adriana and Rafael shop for in the store and at the market. (sweaters made from alpaca wool and felt hats) Do they buy these items? (no) You might want to mention to students that the famous "Panama hat" of straw is actually made in Cuenca, Ecuador.

- Have students take turns giving sentences describing what happened in the video. Ask students what they think Adriana and Rafael will do next. What would they do in their place?

Un misterio en Cuenca (a continuación)

Pre-viewing

- Aunt Carolina is an archeologist. Ask students whether they think it is reasonable that she may be able to help resolve the case of the artifact.

- Tell students they will see **Ingapirca**. **Ingapirca** is located outside Cuenca, at an altitude of more than 10,000 feet. It was built by the Incas in the 15th century on the Incan highway that ran between Cuzco and Quito. The Cañaris gave it the name **Ingapirca**, which means "Incan Stone Wall."

Viewing

- Have students describe the clothing of the indigenous people. (**ponchos**, derby hat, wool skirts for women) Why do students think ponchos and hats are so common? (It's cold in the Andes.)

- Ask students to listen closely to the music. Point out that the instrument they hear is a reed flute typical of Ecuador, called **rondador**.

Post-viewing

- Ask students why Adriana and Rafael thought the artifact in their bag had been stolen. (They saw a photo of an artifact that looked just like it in the newspaper.) Ask whether any students had suspected earlier that the artifact was a fake.

- Have students explain how Rafael and Adriana plan to resolve the mix-up with the stranger's bag. (They plan to go to the police and explain what happened, hoping the stranger will do the same.)

Panorama cultural

Pre-viewing

Conduct a class survey on where students go shopping. Write students' answers on the board or on a transparency.

Viewing

- Ask students to name the people who are being interviewed at a market. What fruits and vegetables does he or she show?

- Tell students that they will hear several different words for market. Have them write down the words **mercado, supermercado, hipermercado,** and **tianguis** and the name of the country where they hear each of these words used.

- The first **Panorama cultural** activity on Activity Master 3 is based on the first three interviews only.

Post-viewing

Ask students if there are any types of stores or markets mentioned in the interviews that are different from those mentioned by their classmates in the survey.

Videoclip

- Tell students they will be viewing a television advertisement for a famous department store chain in Spain called **El Corte Inglés.** Is there a large department store chain in their area? What is it called? Do they shop there often? What can they buy there?

- Play the videoclip once without sound. Ask students to notice the images on the screen. Why do they think those particular images were chosen? What was the point of having scenes in slow motion?

- Play the videoclip with sound. Ask students what the selling points of the department store are. Have them get together in small groups and create a 30-second ad for their favorite store or for an imaginary one. What scenes and images would they include? Have the students describe the advertisement to the class. (Optional: Have students vote on the most creative ad.)

Colorín colorado

Have students design and perform a skit that involves going to a clothes store or market. Students should include: asking directions, getting the clerk's attention and explaining what they're looking for, trying clothes on and commenting about their appearance and fit, and bartering over the price. If possible, bring in a box of theatrical clothes for students to use in their skits—the more absurd the clothes, the better! You may want to replay *Un misterio en Cuenca* and have students listen for expressions they can use in their skits.

CAPÍTULO 9

Activity Master 1

De antemano *Un misterio en Cuenca*

Viewing

Supplementary Vocabulary
la artesanía *handicrafts*   desaparecer *to disappear*   la pieza *piece, art piece*

1. Match each of the following dialogue lines with the corresponding scene.

   _____ 1. —No, ésa le va a quedar pequeña. Un momento... pruébase ésta. Es talla cuarenta.

   _____ 2. —A tía Carolina le hace falta uno. Está todo el día bajo el sol. ¿Se lo compramos?

   _____ 3. —Me da El Comercio, por favor.

a.

b.

c.

Post-viewing

2. Put the following events in the order in which they occur in the video.

   _____ a. Rafael se prueba una chompa.

   _____ b. Descubren que la bolsa que tienen es de otra persona.

   _____ c. Leen en el periódico que unas piezas del museo desaparecieron.

   _____ d. Adriana y Rafael van al mercado de artesanías.

   _____ e. Miran sombreros para la tía Carolina en el mercado.

3. Choose the correct completion for each statement.

   1. Adriana y Rafael leen las noticias sobre las piezas de arte desaparecidas en _____.
      a. un periódico
      b. una revista

   2. Rafael quiere comprar una _____ de lana.
      a. bolsa
      b. chompa

   3. _____ piensa que una chompa debe quedarle un poco grande, porque así está de moda.
      a. Adriana
      b. Rafael

   4. Tía Carolina trabaja en una _____.
      a. excavación
      b. tienda

Holt Spanish 2 ¡Ven conmigo!

Activity Master 2

Un misterio en Cuenca (a continuación)

Supplementary Vocabulary

los artesanos *artisans*	el ladrón *thief*	el tesoro *treasure*
conquistar *to conquer*	la platería *silver work*	la textilería *weaving*
desarrollado/a *developed, advanced*	las ruinas *ruins*	la vicuña *animal similar in appearance*
impusieron *they imposed*	la semejanza *similarity*	to the llama

Viewing

1. Put a check mark next to the images that you see in the video.

_____ **a.** mountains   _____ **e.** ruins

_____ **b.** sheep   _____ **f.** river

_____ **c.** donkeys   _____ **g.** students

_____ **d.** stone walls   _____ **h.** tour bus

2. Choose the correct completion to each statement.

1. Ingapirca es uno de los tesoros _____ más importantes del Ecuador.
   a. artísticos   **b.** arqueológicos   **c.** de arquitectura

2. Los _____ conquistaron la región de los cañaris hace 500 años.
   a. aztecas   **b.** romanos   **c.** incas

Post-viewing

3. For each picture, circle the correct statement.

   a. Este hombre es un ladrón.
   b. Este hombre no es un ladrón.

   a. Ellos van primero a hablar con tía Carolina y después a la policía.
   b. Ellos van primero a la policía y después a hablar con tía Carolina.

   a. Ella cree que la pieza es una reproducción.
   b. Ella cree que la pieza es del museo.

Activity Master 3

Panorama cultural

Supplementary Vocabulary

la botella *bottle*	los mercados al aire libre *open-air markets*
cómodo *convenient*	próximo *close, near*
conseguir *to get*	se lo cargan ellos *they carry it out for you*
la entrega a domicilio *home delivery*	

Viewing

1. Match each person with what he or she says.

        a. Ricardo   **b.** Delany   **c.** Mariana

  _____ 1. Yo viviendo sola voy al mercado que me lo traen porque si no, no puedo cargar tantas botellas y... me es mucho más rápido.

  _____ 2. Para comprar verduras y frutas frescas vengo al mercado de Heredia. Para comprar comida en lata y otras cosas de ese tipo voy al supermercado.

  _____ 3. En un mercado al aire libre se compra más que todo productos como cartones de leche, de jugo, huevos, cosas sencillas.

2. Circle the letter of the phrase that correctly completes the sentence.

  1. Mercedes va al hipermercado porque _____.
    a. hay más variedad   **b.** es más barato

  2. Germán va al mercado porque _____.
    a. está más cerca a su casa   **b.** es más barato

  3. Según Ana, ir al Mercado Central _____.
    a. le parece más divertido   **b.** le sale más cómodo

  4. Alfonso va al mercado _____.
    a. más próximo   **b.** más grande

Videoclips

Supplementary Vocabulary

el desenfado *confidence, ease*	se trata de *it's about*
el estilo *style*	te vas a enamorar *you're going to fall in love*
la frescura *freshness*	

Viewing

3. Put a check mark next to the claims the advertisement makes.
Esta primavera, te vas a enamorar de _____ de la ropa de **El Corte Inglés**.

  _____ 1. los precios   _____ 4. la frescura   _____ 7. las formas

  _____ 2. la personalidad   _____ 5. el estilo   _____ 8. los colores

  _____ 3. los detalles   _____ 6. la textura   _____ 9. la elegancia

        Holt Spanish 2 ¡Ven conmigo!

¡Cuéntame!

Functions modeled in video:

The DVD Tutor provides instant access to any part of the video program as well as the ability to repeat short segments as needed. The DVD Tutor also allows access to Spanish-language captions for all video segments as well as to video-based comprehension activities to assess student comprehension.

- setting the scene for a story
- continuing and ending a story
- talking about the latest news
- reacting to news

Video Segment	Correlation to Print Materials			Videocassette 4		Videocassette 5 (captioned)	
	Pupil's Edition	Video Guide		Start Time	Length	Start Time	Length
		Activity Masters	Scripts				
De antemano	pp. 284–285	p. 68	p. 108	1:16	6:02	1:47:08	6:03
A continuación		p. 69	p. 109	7:19	9:08	1:53:12	9:09
Panorama cultural	p. 293*	p. 70	pp. 109–110	16:40	4:12		
Videoclips		p. 70	p. 110	20:53	1:54		

 Video Synopses

De antemano *Pacha y sus hijos*

While sitting by the campfire at night, Adriana and Rafael make secret plans to get up early the next day and do the farm chores to surprise Aunt Carolina. Later, the same night, Carolina shows them a book her grandfather illustrated. It is a Quechuan legend of Pacha and his children, who fled from a flood caused by a giant serpent and went to the top of a mountain. They were so sad at having to leave their homes that they stopped talking to each other. When they finally began to speak again, after building new homes in what is now Quito, they all spoke different languages.

Pacha y sus hijos (a continuación)

Aunt Carolina tells Adriana and Rafael about her grandfather's childhood on a farm in Ecuador. The next morning, Adriana and Rafael get up to do chores, but they don't know how to feed chickens or milk a cow. Their work ends in an argument, and Aunt Carolina discovers their mess. After they clean it up, they all go horseback riding and Carolina tells more about her grandfather as a young man.

Panorama cultural *¿Te sabes algún cuento?*

- Spanish-speaking people from California and Mexico tell us legends from where they live.
- In additional interviews, people from various Spanish-speaking countries tell legends and stories.

Videoclips

- **Noticias:** news program from Spain
- **Expansión:** advertisement for a business daily

Teaching Suggestions

 DVD2 The DVD Tutor contains all video material plus video-based activities to assess student comprehension of **De antemano, A continuación,** and **Panorama cultural.** Short video segments are automatically replayed to prompt students if they answer incorrectly.

De antemano *Pacha y sus hijos*

Pre-viewing
- Ask students to define "legend." Mention to the students that a legend or a myth is generally an old story with no known author, handed down through the generations in the oral tradition. It explains phenomena for which people know no cause, and it usually contains elements of the fantastic.

- Ask students to think of some well-known legends told in the United States, such as the legend of Paul Bunyan.

- Introduce the word **indígena**. Ensure that students know that native people lived in Ecuador long before the Europeans arrived, and that there were many tribes, each with its own language or dialect.

Viewing
- Ask students the following comprehension questions: What is the name of the book Aunt Carolina brings? (*Pacha y sus hijos*) Who was the person that illustrated the book? (Aunt Carolina's grandfather) How old was Aunt Carolina when she received the book as a gift? (fifteen)

- Play the legend segment of the video again and have students use short phrases to describe what is happening in each panel of the book. Students may need to hear the narration more than once to be able to do this.

Post-viewing
Ask a volunteer to explain—in English—what phenomenon the legend is meant to explain. (why the indigenous people of Ecuador speak different languages)

Pacha y sus hijos (a continuación)

Pre-viewing
- Ask students if they've ever tried to do something to help someone and had their efforts backfire instead. Let students tell their stories if they wish.

- Ask if anyone remembers what Adriana and Rafael plan to do next morning to surprise Aunt Carolina. (get up early in the morning and do the farm chores)

- Find out if any students have ever lived on a farm or visited one. Have they ever milked a cow? Ask for a volunteer who has done it to describe what it is like.

Viewing
- Have students write down the plans that Rafael and Adriana tell Aunt Carolina they have for the following morning. How does this contrast with the plans they had really made?

- Ask students how it is that Aunt Carolina is able to locate Adriana and Rafael after they feed the chickens. (the hole in the chicken feed bag left a trail)

- Have students list all the farm-related things that Adriana and Rafael did not know how to do. (feed chickens, carry a sack without spilling it, milk a cow, carry a milk pail, mount a horse)

Post-viewing
Have students describe the life Aunt Carolina's grandfather led. Where did he live? (in a small town at the foot of a mountain) What kind of activities did he do? (milked cows, fed chickens, worked the soil) How long did students go to school in those days? (5 or 6 years) What things were important or interesting to her grandfather? (nature, plants, animals, weather)

Holt Spanish 2 ¡Ven conmigo!

CAPÍTULO 10

Panorama cultural

Pre-viewing
Ask students what fairy tales or myths they know about that are told in their family or community.

Viewing
- For each interview, ask students to list the main character or main place in the legend. (**momias, Quetzalcóatl, El Dorado, la Cegua, la doncella de la cueva encantada**)
- After each interview, have a student summarize the legend in English or Spanish.

Post-viewing
- Ask students if they can remember from which country the legends of the **momias** and **Quetzalcóatl** were. (Mexico)
- Ask from which country the following legends came: the woman with a horse face, **El Dorado**, and the enchanted cave. (Costa Rica, Colombia, Spain)
- Tell students that the mummies of Guanajuato, Mexico, really exist. The soil in the area contains chemicals that preserved the flesh and clothing of bodies buried in the cemetery. Today visitors can see the mummies in a museum.
- Ask students which legend deals with an actual historical figure. (Cortés, in the legend about Quetzalcóatl)

Videoclip

- Hold a class discussion in which students talk about their experiences with unusual or extreme weather.
- Show the first videoclip without sound and have students describe the weather conditions shown.
- Play the videoclip with sound. Explain to students that most people in Bangladesh live on the Ganges River delta, which is close to sea level and is vulnerable to flooding.
- Play the second videoclip without sound and have students look for clues about what it is about. (ad for a business newspaper)
- Play the videoclip with sound and have students write the slogan that is repeated three times at the beginning of the ad. (**Expansión, acción**)

Colorín colorado

Have students work in small groups to tell a legend in their own words in Spanish. If they like, they can retell the story of "Pacha y sus hijos." You can play the video without sound and have students take turns narrating the legend, or students can illustrate their legends. Students can share the legends over the course of several class periods.

Activity Master 1

De antemano *Pacha y sus hijos*

Supplementary Vocabulary		
la finca *farm*	el guerrero *warrior*	luchar *to fight*
la fogata *bonfire*	herir *to harm*	la naturaleza *nature, outdoors*
la gallina *chicken*	las labores *chores*	ordeñar una vaca *to milk a cow*

Viewing

1. Choose the correct completion to each sentence below.

   1. El _____ de tía Carolina dibujó el libro.
      a. papá   **b.** abuelo

   2. El libro tiene una leyenda de los indígenas antes de llegar los _____.
      a. europeos   **b.** ecuatorianos

   3. Pacha y sus hijos vieron una enorme _____ en la selva.
      a. serpiente   **b.** montaña

   4. Pacha y su familia fueron a _____ para escapar el agua.
      a. una montaña   **b.** una selva

   5. Pacha quería construir casas para su familia donde hoy está _____.
      a. Cuenca   **b.** Quito

Post-viewing

2. Write **C** for **cierto** or **F** for **falso** next to each statement. If a statement is false, rewrite it in the space below so that it becomes true.

   _____ 1. Adriana y Rafael sabían ordeñar una vaca antes de visitar a tía Carolina.

   _____

   _____ 2. Tía Carolina dibujó el libro que cuenta la leyenda de Pacha y sus hijos.

   _____

3. Put the following events in the correct order.

   _____ **a.** Pacha y sus hijos bajaron de la montaña.

   _____ **b.** La serpiente abrió la boca y empezó a vomitar agua.

   _____ **c.** Pacha vio un cuervo con una rama en el pico.

   _____ **d.** Pacha, sus hijos y las esposas fueron a la cumbre de una montaña.

   _____ **e.** Los hombres la atacaron y lucharon pero sólo pudieron herir a la serpiente.

   _____ **f.** Pacha y sus hijos vieron una enorme serpiente.

   _____ **g.** Pacha y sus hijos construyeron sus casas donde hoy está la ciudad de Quito.

Holt Spanish 2 ¡Ven conmigo!

Activity Master 2

Pacha y sus hijos (a continuación)

Supplementary Vocabulary

aguado/a *wet blanket*	la culpa *blame*	sabio *wise*
los bisabuelos *great grandparents*	las cumbres *mountain tops*	se sembraban *one planted*
los campesinos *farmers*	daba de comer *he would feed*	la tierra *soil*
el cielo *sky*	recoger huevos *gather eggs*	torpe *klutz*
cubiertas de *covered with*	rodeado de *surrounded by*	

Viewing

1. Put a check mark next to the things Aunt Carolina's grandfather tried to learn about.

_____ **a.** las matemáticas _____ **d.** construir un corral

_____ **b.** en qué mes sembrar las plantas _____ **e.** escribir mitos

_____ **c.** reconocer enfermedades de animales _____ **f.** lo que significaban las nubes

Post-viewing

2. Put the following events in the order they occur in the video.

_____ **a.** Los tres deciden irse a casa, almorzar y leer más leyendas.

_____ **b.** Montan a caballo.

_____ **c.** La tía Carolina encuentra a Adriana y Rafael ordeñando la vaca.

_____ **d.** Adriana y Rafael dan de comer a las gallinas.

_____ **e.** Adriana y Rafael limpian y barren todo el lío.

_____ **f.** Adriana y Rafael ordeñan la vaca.

3. Choose the best completion for each statement below.

_____ 1. Rafael dijo que... **a.** la vida en el campo.

_____ 2. Tía Carolina no estaba contenta cuando... **b.** el accidente con la leche no era su culpa.

_____ 3. Tía Carolina le enseña a Rafael... **c.** leer más leyendas después del almuerzo.

_____ 4. Al abuelo de tía Carolina le gustaba... **d.** vio lo que hicieron los chicos.

_____ 5. Tía Carolina les invitó a... **e.** cómo montar a caballo.

4. Put a check mark by each thing that Aunt Carolina says her grandfather did when he was growing up.

_____ **a.** Daba de comer a las gallinas.

_____ **b.** Vivía en una ciudad grande.

_____ **c.** Recogía huevos.

_____ **d.** Preparaba la cena.

_____ **e.** Ordeñaba la vaca.

_____ **f.** Daba de comer a los perros.

_____ **g.** Trabajaba en el jardín.

CAPÍTULO 10

Holt Spanish 2 ¡Ven conmigo! Video Guide **69**

Activity Master 3

Panorama cultural

Supplementary Vocabulary

el campeón *champion*

Cegua *fictional character that looks like a woman but has a horse's face*

la cueva encantada *enchanted cave*

emplumado/a *plumed (having feathers)*

hechizado/a *bewitched*

la laguna *lake, lagoon*

le quitó el campeonato *he took away his title*

el luchador *warrior*

las momias *mummies*

se convirtieron *(they) turned into*

se cubrían *they would cover themselves*

topan a *(they) run into*

Viewing

1. Choose the correct completion to each statement below.

   1. La laguna El Dorado está en _____.
      a. Bogotá   **b.** Bolivia

   2. Se dice que la cara de la bella mujer se convierte en cara de _____.
      a. momia   **b.** caballo

   3. La doncella hechizada vivía en una _____.
      a. casa   **b.** cueva

   4. Algunos pescadores veían a la doncella hechizada _____.
      a. peinarse el pelo   **b.** cepillarse los dientes

2. Match each mythical character with the best description.

   _____ 1. la doncella   **a.** perdió el campeonato
   _____ 2. Quetzalcóatl   **b.** se cubrían el cuerpo con oro
   _____ 3. el luchador   **c.** nadie la podía ver
   _____ 4. los indios   **d.** se representa como una serpiente emplumada

---

Videoclips

Supplementary Vocabulary

las inundaciones *floods*

no habían recuperado *had not recovered*

la ola de calor *heat wave*

la ola de frío *cold wave*

padecer *to suffer*

la riada *flood*

Viewing

3. Complete each statement with the correct location.

   Europa   paises mediterráneos   Murcia

   1. La ola de frío en _____ fue la peor de los últimos veinte años.

   2. La ola de calor del mes de julio produjo numerosas muertes en _____.

   3. Las comarcas de Alcira, Orihuela y _____ volvieron a padecer los efectos de las lluvias.

Location: California

DVD Tutor, Disc 2
Videocassette 4
Start Time: 23:01
Length: 1:58
Pupil's Edition pp. 312–315

Students are not expected to understand everything in the Location Opener. The activities for this section have been designed to help them understand the major points.

 Teaching Suggestions

 The DVD Tutor contains all video material plus a video-based activity to assess student comprehension after viewing the Location Opener. Short segments are automatically replayed to prompt students if they answer incorrectly.

Pre-viewing

- Have students locate California on the map of the United States on p. xxvii of the *Pupil's Edition*. Point out that Mexico and California share a border. You may also want to ask students which two states bordering California have Spanish names. (**Nevada** and **Arizona**) Have students locate the major cities in California. (**San José** and **San Francisco** in the north, **Los Ángeles** and **San Diego** in the south)

- Ask how many students have visited or lived in California. In which city or cities?

- Have students make a list of the things they associate with California. You may want to write them on the board or on a transparency.

- Tell students that nearly every city in California has a Spanish-speaking community, and that **Los Ángeles** has one of the largest Spanish-speaking populations in the world.

- Ask students why California is often called the Golden State, **el estado dorado**. (In 1848, gold was discovered at Sutter's Mill, near Sacramento. The gold rush began the next year when people, later called "forty-niners," flocked to the state from around the world.)

- Have students list as many Californian cities as they can that have names beginning with **San** or **Santa**. (examples are: **San Diego, San Bernardino, Santa Bárbara, San José,** and **San Francisco**). Many cities in California were founded as missions by the Spanish, who named them after Roman Catholic saints. The missions formed a chain from San Diego to San Francisco, with each mission only a day's walk from another.

Viewing

- Have students name the three Californian cities mentioned in the video. (**San Diego, San Francisco, Los Ángeles**)

- Have students use their lists of things they associate with California and put a check mark next to those items that are shown in the Location Opener. What things did they have on their lists that were not shown? Did students see things that they did not associate with California?

- Ask students about the deliberate overexposures and quick cuts in the video. What do those techniques suggest about California? (possible answer: California is often pictured on television or in movies)

Post-viewing

Ask students which parts of California they would most like to visit. Students should explain what makes those places attractive.

Activity Master: Location Opener 6

Supplementary Vocabulary		
la cadena *chain*	entre *between*	hermoso/a *beautiful*
dorado/a *golden*	la frontera *border*	el oro *gold*

Viewing

1. Choose the best completion for each statement below.

1. Uno de los nombres de California es _____.
   a. el estado largo
   b. el sol pacífico
   c. el estado dorado

2. Los españoles fundaron una cadena de misiones _____.
   a. de Santa Bárbara a San José
   b. de San Diego a San Francisco
   c. de Los Ángeles a San Francisco

3. San Diego está entre las dos Californias, que son _____.
   a. la alta y la baja
   b. California del norte y California del sur
   c. Hollywood y la California verdadera

4. _____ tiene un zoológico famoso y unos hermosos parques y playas.
   a. San Bernardino
   b. Fresno
   c. San Diego

5. San Francisco está _____.
   a. en el norte de California
   b. en el sur de California
   c. en el Valle Central

6. Según el video, California es una experiencia _____.
   a. aburrida
   b. singular
   c. regular

Post-viewing

2. Put a check mark next to the best description for this photo.

_____ a. San Diego atrae a visitantes de todas partes del mundo por su conocidísimo zoológico y sus hermosos parques y playas.

_____ b. San Francisco, considerado por muchas personas una de las ciudades más interesantes de los Estados Unidos.

_____ c. Los Ángeles refleja un intenso y dinámico sabor internacional lleno de ritmo y diversión.

3. Imagine you want to visit a city in the United States that has great beaches and is only a few minutes' drive from a Spanish-speaking country. Which city might you choose? Circle the letter of the best answer.

   a. San Antonio   b. San Francisco   c. San Diego   d. San Bernardino

Holt Spanish 2 ¡Ven conmigo!

CAPÍTULO 11

Nuestro medio ambiente

Functions modeled in video:

- describing a problem
- talking about consequences
- expressing agreement and disagreement
- talking about obligations and solutions

DVD 2 The DVD Tutor provides instant access to any part of the video program as well as the ability to repeat short segments as needed. The DVD Tutor also allows access to Spanish-language captions for all video segments as well as to video-based comprehension activities to assess student comprehension.

Video Segment	Correlation to Print Materials			Videocassette 4		Videocassette 5 (captioned)	
	Pupil's Edition	*Video Guide* Activity Masters	*Video Guide* Scripts	Start Time	Length	Start Time	Length
De antemano	pp. 318–319	p. 76	pp. 111–112	25:00	5:41	2:02:22	5:41
A continuación		p. 77	p. 112	30:42	4:38	2:08:04	4:41
Panorama cultural	p. 325*	p. 78	pp. 112–113	35:21	4:06		
Videoclips		p. 78	p. 113	39:28	3:49		

Video Synopses

De antemano *Para el club de ecología*

Takashi, a high school senior from San Antonio, is on vacation at his friend Ignacio's house in San Diego. While on vacation, he makes a video for his friends Margarita and Roberto, who live in Mexico City, where he had been staying as an exchange student. The video is for Margarita and Roberto's high school environmental club. In his video, Takashi interviews several people, including Ignacio, about what they do to protect the environment. He also goes to the San Diego Zoo and interviews Gabriela and María.

Para el club de ecología (a continuación)

Takashi discovers that Ignacio's sister Diana played a prank on him by sticking a note to his back. He continues making his video at the zoo by interviewing the Sánchez family, who talk at length about what they do to protect the environment. Back at Ignacio's house, Takashi and Ignacio get even with Diana by sticking a note to her back.

Panorama cultural *¿Qué haces para proteger el medio ambiente?*

- Spanish-speaking people from Costa Rica, Ecuador, and Argentina talk about what they do to protect the environment.
- In additional interviews, Spanish-speaking people from various countries talk about what they do for the environment.

Videoclips

- **El Progreso:** music video with an environmental theme
- **CVC, Corporación Autónoma Regional de Cauca:** two public service announcements promoting environmental awareness

CAPÍTULO 11

The DVD Tutor contains all video material plus video-based activities to assess student comprehension of **De antemano, A continuación,** and **Panorama cultural.** Short video segments are automatically replayed to prompt students if they answer incorrectly.

De antemano *Para el club de ecología*

Pre-viewing

- Ask students to name what they consider to be the most pressing environmental issues. You may want to write their comments on the board or on a transparency.

- Ask students whether they have a recycling program in their community, and whether they or their family participate. Have students explain what recycling entails. (separating trash into glass, paper, plastic, and setting it curbside on designated days or taking it to a recycling center) Have students mention some of the advantages and disadvantages of recycling. (possible answer: reduces consumption of raw materials, but is somewhat inconvenient)

- Have students do Activity 1 on Activity Master 1, p. 76. You may want to encourage class debate by having students form groups according to how they prioritized the problem, and then having the groups defend their points of view. Ask students to think of a solution that works for several environmental problems at once. (possible answer: using a car less helps with the problems of air pollution, energy consumption, and runoff into rivers)

Viewing

- Ask students how many of the items that Ignacio's family recycles are also recycled in their families. (Ignacio mentions **vidrio, aluminio, latas, plástico,** and **periódicos**.)

- Ask students how Takashi knows that Ignacio is going on his first date. (Ignacio's sister stuck a note on his back.)

Post-viewing

Have students list some of the environmental solutions mentioned in the video that they might be able to implement in their lives. (organize a school ecology club, bicycle to school, recycle, turn off the lights when not needed)

Para el club de ecología (a continuación)

Pre-viewing

Ask students whether they think having an ecology club would be feasible or desirable at their school. What kinds of activities do students think would be appropriate for it? (possible answers: do research on environmental problems and report their findings to other students, participate in community clean-up projects with civic groups)

Viewing

Tell students that the San Diego Zoo is one of the world's largest, with over 3,400 animals, including birds, reptiles, and mammals. It covers over 100 acres (40 hectares) in Balboa Park. The zoo has been able to breed some rare or endangered species that have not been successfully bred in captivity elsewhere.

Post-viewing

After students have completed Activity 2 on Activity Master 2, p. 77, have them discuss whether the solutions presented are adequate for the problems.

Panorama cultural

Pre-viewing
- On the board or on a transparency, write the question, "What do you do to protect the environment?" Have students write a few sentences in answer to the question.
- Ask students how they think people in Spanish-speaking countries feel about protecting the environment. Ask students whether they would expect people in those countries to have views similar to theirs regarding the environment.

Viewing
- Pause the video after each interview and ask students whether the interviewee seeks to protect **aire, agua,** or **tierra**. In some cases, more than one answer may apply. Have students briefly explain their answers.
- You may want to point out to students that Gustavo uses **vos** instead of **tú**, as is customary for many Argentinians.
- The first **Panorama cultural** activity on Activity Master 3 is based on the first three interviews only.

Post-viewing
- Ask students which of the interviewees feels uncertain about what she can do for the environment. (Ana María from Ecuador) Ask students whether they ever feel the same way.
- Ask students what important social principle Gustavo expressed. (When you pollute the environment, you're actually polluting yourself.)
- Students with parental permission can volunteer to call the local Mexican consulate and find out more about the traffic restriction program in Mexico City that was explained by Carmelo. They should report their findings to the rest of the class.
- Ask students which of the interviewees they identify with most regarding the environment.

Videoclips

- You may wish to preview the first videoclip before showing it to the class so that you can determine whether it is appropriate for your students' specific age group.
- The song in the first videoclip is by Roberto Carlos, a Brazilian singer who often sings in Spanish. His songs are popular throughout Latin America.
- The second and third videoclips are from Cauca, a region of southern Colombia with both coastal and highland terrains.

Colorín colorado

Have students hold a Spanish ecology club meeting. Students should work in groups to discuss their club's priorities and to prepare a set of guidelines about what they can do about the environment. After they finish writing their guidelines, play *Para el club de ecología* again and have students compare the points made in their guidelines with what the video characters say.

CAPÍTULO 11

Activity Master 1

De antemano *Para el club de ecología*

Pre-viewing

1. Arrange the following environmental problems in order of how important you think they are. Number the problems from **1** to **4** (with **1** being the most important and **4** being the least important).

<table>
<tr><td>Supplementary Vocabulary</td></tr>
<tr><td>apagar las luces to turn off the lights
el desperdicio waste</td></tr>
</table>

_____ **a.** pollution of air and water   _____ **c.** destruction of the rain forests

_____ **b.** waste of natural resources   _____ **d.** species in danger of extinction

Viewing

2. Choose the best completion to each statement, according to what the characters say.

1. Gracias por el video sobre la contaminación _____.
   a. de los océanos
   b. del aire

Takashi

2. Pensaba que al club le gustaría saber lo que hace la gente aquí en San Diego para _____ el medio ambiente.
   a. proteger
   b. pensar en

3. Nos preocupa mucho el desperdicio de _____, como el petróleo.
   a. los bosques tropicales
   b. los recursos naturales

Ignacio

4. Desde hace cinco años comenzamos a reciclar el vidrio, el aluminio, las latas, el plástico y los periódicos. Así tiramos _____ a la basura.
   a. menos
   b. más

5. Pues, creo que la contaminación del aire es el mayor _____, ¿verdad, María?
   a. problema
   b. momento

Gabriela y María

6. Gabi, _____ de acuerdo.
   a. yo estoy
   b. no estoy

3. Write **C** for **cierto** or **F** for **falso** next to each statement. If a statement is false, rewrite it in the space below so that it becomes true.

_____ 1. Takashi es el presidente de un club de ecología.

_____

_____ 2. Ignacio ayuda a Takashi en el zoológico.

_____

_____ 3. María y Gabriela piensan que no es posible proteger el medio ambiente.

_____

CAPÍTULO 11

Activity Master 2

Para el club de ecología (a continuación)

Viewing

1. Circle the pictures that illustrate the things the Sánchez family does to protect the environment.

a.

b.

c.

Post-viewing

2. Match each of the environmental problems with its possible solution.

_____ 1. Cada vez talamos más bosques.

_____ 2. Hay mucha basura en las playas.

_____ 3. El desperdicio de los recursos naturales es grave.

a. Reciclamos todo en casa.

b. En mi oficina todo el papel usado se recicla.

c. Una vez al mes vamos a diferentes lugares para limpiar.

Post-viewing

3. Write Takashi a letter in which you describe what you consider to be the most urgent environmental problems and what their solutions are. You may use the phrases in the box or you may use your own.

> Es el mayor problema.   Hay que hacer más para proteger el medio ambiente.
>
> Por eso muchas especies están en peligro de extinción.
>
> Deberíamos conservar los recursos naturales.
>
> Es preciso aprobar leyes más estrictas para mantener limpio el aire.

Querido Takashi,

Creo que uno de los problemas más graves es..._____

_____

_____

_____

_____

_____

CAPÍTULO 11

Activity Master 3

Panorama cultural

Supplementary Vocabulary

el afiche *sign, poster*	dañar *to harm*	el suelo *floor, ground*
ahorrar *to save*	la lata *tin can*	talar *to cut down*
la bolsa *bag*	la pared *wall*	tratar de *to try to*
circular *to drive*	pegar *to stick*	
conducir *to drive*	recoger la basura *to pick up trash*	

Viewing

1. Match each person with the description of what she does for the environment.

   _____ 1. No hago mucho, pero quiero ayudar.

   _____ 2. Hacemos afiches y los pegamos en las paredes del colegio.

   _____ 3. No boto basura en los ríos y no talo los árboles.

   a. Wendy   b. Gala   c. Ana María

2. Match each environmental solution to the person or persons who suggest it.

   a. No tirar basura.   **c.** Conducir menos.

   b. Reciclar.   **d.** Usar menos detergente.

   _____ 1. Jennifer   _____ 5. Gustavo

   _____ 2. Viviana y Mauricio   _____ 6. Mónica

   _____ 3. Carmelo   _____ 7. Federico

   _____ 4. Anayancy   _____ 8. María Dolores

Videoclips

Viewing

Supplementary Vocabulary

abrazar *embrace*	mayor *greatest*
agotar *to use up*	de raíz *at the root*
el cansancio *fatigue*	respirar *to breathe*
convivamos *let's get along together*	yo quisiera *I would like*

3. In the first videoclip, what does the singer want most of all? Put a check mark next to the best answer.

   Yo quisiera...

   _____ **a.** hacer más para proteger el medio ambiente.

   _____ **b.** poder abrazar a mi mayor enemigo.

   _____ **c.** ser civilizado como los animales.

Holt Spanish 2 ¡Ven conmigo!

CAPÍTULO 11

Veranos pasados, veranos por venir

Functions modeled in video:

The DVD Tutor provides instant access to any part of the video program as well as the ability to repeat short segments as needed. The DVD Tutor also allows access to Spanish-language captions for all video segments as well as to video-based comprehension activities to assess student comprehension.

- exchanging the latest news
- talking about where you went and what you did
- telling when something happened
- saying how you feel about people
- describing places
- saying when you're going to do something

Video Segment	Correlation to Print Materials			Videocassette 4		Videocassette 5 (captioned)	
	Pupil's Edition	Video Guide		Start Time	Length	Start Time	Length
		Activity Masters	Scripts				
De antemano	pp. 304–305	p. 82	p. 114	43:31	2:37	2:12:46	2:36
A continuación		p. 83	pp. 114–115	46:09	4:24	2:15:23	4:27
Panorama cultural	p. 311*	p. 84	p. 115	50:52	3:22		
Videoclips		p. 84	p. 115	54:15	0:45		

 Video Synopses

De antemano *Un verano en San Diego*

Takashi writes a letter to some friends in which he tells them what he has been doing on his vacation. He explains that he's staying with his best friend, Ignacio, in San Diego. Takashi and Ignacio know one another from when Ignacio went to high school in San Antonio. Takashi writes that he and Ignacio visited Mission Bay Park, the San Diego Zoo, and the University of California at San Diego (UCSD). While visiting the university, he discovered that it has a program in languages that interested him, and he decided he wanted to go there after he graduates from high school. At the end of the episode, he is surprised to hear that Alicia, a girl he met on the university campus, has come to see him.

Un verano en San Diego (a continuación)

Alicia returns the backpack that Takashi had inadvertently left behind at the university while they were talking. Ignacio teases Takashi that the real reason he wants to attend UCSD is because he is interested in Alicia. Takashi insists that he wants to attend because of the university's language program, and he talks about his plans for a career in foreign languages. Ignacio talks about his plans to become an archeologist. They then decide to go see a movie together.

Panorama cultural *¿Cómo celebran el fin de cursos?*

- Students from Florida, Argentina, and Venezuela talk about how they celebrate their high school graduation.
- In additional interviews, Spanish-speaking people from various countries talk about how they celebrate their graduation.

Videoclips

COMFAMA: public service ad promoting an ecological park

Holt Spanish 2 ¡Ven conmigo!

Copyright © by Holt, Rinehart and Winston. All rights reserved.

The DVD Tutor contains all video material plus video-based activities to assess student comprehension of **De antemano, A continuación,** and **Panorama cultural.** Short video segments are automatically replayed to prompt students if they answer incorrectly.

De antemano *Un verano en San Diego*

Pre-viewing
- Ask students if they have visited San Diego or know anyone who has. What mental images do they associate with San Diego?

- Ask students whether they have ever gone to visit a friend who has moved away to another city. Where did they go and what did they do?

Viewing
Have students do Activity 1 on Activity Master 1, p. 82. Have them point out the words or phrases that tell when events took place in the past. (**hace tres semanas que, el viernes pasado, al día siguiente, después de graduarme, dos días después de, hoy**)

Post-viewing
- Have students explain where Takashi is from and why he is in San Diego. How does he know Ignacio? (Takashi is from San Antonio, and he is in San Diego visiting Ignacio, a friend from high school. Ignacio's family had moved to San Diego from San Antonio the previous year.)

- After students complete Activity 2 on Activity Master 1, p. 82, you may want to draw a time line on the board to illustrate the sequence of events. Mark points on the line and have students indicate what event goes at each point. Beneath each point on the line write a one- or two-word description of the event, and above each point write the expressions used in the video to say when the event took place.

Un verano en San Diego (a continuación)

Pre-viewing
- Ask students what plans they have for after graduation. Do students plan to attend a college, university, or trade school? Do they have any ideas about where they would like to attend, or what they would like to study? Ask students if they had the chance to visit any post-secondary schools.

- Have students make a list of things they could do to find out more about a college or university that they are interested in. (possible answers: obtain a handbook or catalogue of programs and courses; talk with a counselor at the students' high school or at the prospective college or university; ask friends or relatives whether they know anyone who has attended and with whom they can talk)

Viewing
- Discuss with students what interpreters and archeologists do. (interpreters translate spoken language, archeologists study artifacts and ruins to learn about ancient societies and cultures)

- Tell students the University of California at San Diego (UCSD) is one of the nine campuses making up the University of California, the largest university in the United States. UCSD has the Scripps Institution of Oceanography, a leading center for research in marine and atmospheric sciences.

Post-viewing
Have students discuss archeology and language interpreting, the careers that Takashi and Ignacio are interested in. What do students think would be the attractions and drawbacks of each? Which of the two careers would students be most interested in themselves?

CAPÍTULO 12

Panorama cultural

Pre-viewing

Ask students what traditions their families and communities have for celebrating graduation. Do students feel the celebrations are fitting, or would they like to see more (or less) done to celebrate graduation?

Viewing

• Ask students at what time the graduation ceremonies end at Sergio's school. (**alrededor del mediodía**: around midday) Explain that **el bachillerato** usually refers to the diploma, but in this context it means "graduation ceremonies." Do students at Sergio's school go to Walt Disney World before or after graduation day? (before) What word does he use to say this? (**anteriormente**)

• You may want to pause the video after each interviewee speaks and have students discuss what he or she said.

• Ask students what Vivian calls the commencement ceremonies at her school. (**la misa de graduación**) Explain that **misa** is a Roman Catholic mass.

• The first **Panorama cultural** activity on Activity Master 3 is based on the first three interviews only.

Post-viewing

• Do students agree with Paula's statement that the celebration at her school is **bastante especial**? What makes it special? (possible answer: the teachers participate in putting on a play for the students)

• Ask students which of the graduation celebrations described in the interviews is most similar to their school's.

Videoclips

• Explain to students that the videoclip is from Antioquia, a region in Colombia. Antioquia includes Medellín, a major city in Colombia.

• Explain to students that in most Spanish-speaking countries, a **billón** is a million millions (1,000,000,000,000), called a *trillion* in the United States. What people in the United States call a *billion* is **mil millones** in Spanish.

• Point out to students that *cascade* is another way to say *waterfall* in English. Have students point out the cognate used in the videoclip. (**cascada**)

Colorín colorado

• Have students imagine that they are on vacation—either a vacation that they have actually taken or one that they would like to take—and have them write a letter to a friend explaining what they have done so far and what they plan to do during the remainder of the vacation. Students may base their letter on Takashi's letter in *Un verano en San Diego*.

• Have students write a paragraph about their plans for when they graduate. They may want to write about plans for a career or for college or university. Students may also write about their plans for the summer.

CAPÍTULO 12

Nombre _____ Clase _____ Fecha _____

 Activity Master 1

De antemano *Un verano en San Diego*

Viewing

1. Choose the response that best completes the following excerpts from Takashi's letter to his friends Jaime and Luz.

Queridos Jaime y Luz,

Supplementary Vocabulary
buena onda *"cool"*   se mudó *he moved*
el montón *a whole bunch*   el tipazo *great guy*

1. Hace tres semanas que _____ aquí en San Diego...
   a. estoy de vacaciones
   b. vivo

2. Los dos _____ en mi colegio en San Antonio...
   a. jugábamos al fútbol
   b. éramos muy buenos amigos

3. Me llevo muy bien _____ también...
   a. con Ignacio
   b. con su familia

4. De verdad, San Diego _____...
   a. es una ciudad lindísima
   b. está en California

5. El viernes pasado, _____ más grande de San Diego...
   a. fuimos al parque
   b. fui a la universidad

6. Al día siguiente, fuimos al zoológico y quedé muy _____...
   a. contento
   b. impresionado

7. Visité el campus _____ de ir al zoológico...
   a. dos días después
   b. el día antes

8. Hoy, por ejemplo, conocí a una chica muy _____...
   a. amable
   b. simpática

Post-viewing

2. Put the following events in Takashi's life in the correct order.

   _____ a. Fue al zoológico de San Diego.

   _____ b. Conoció a Ignacio en el colegio.

   _____ c. Visitó la universidad y conoció a una chica.

   _____ d. Fue al Mission Bay Park.

3. Write **C** for **cierto** or **F** for **falso** next to each statement. If a statement is false, rewrite it in the space below so that it becomes true.

   _____ 1. A Takashi le gustaría aprender a montar en tabla de vela.

   _____

   _____ 2. Después de graduarse, Takashi va a asistir a la Universidad de Texas en San Antonio.

   _____

   _____ 3. El año pasado la familia de Takashi se mudó a San Diego.

   _____

CAPÍTULO 12

82 Video Guide

Holt Spanish 2 ¡Ven conmigo!

Copyright © by Holt, Rinehart and Winston. All rights reserved.

Nombre _____ Clase _____ Fecha _____

Activity Master 2

Un verano en San Diego (a continuación)

Supplementary Vocabulary	
devolver *to give back*	el mundo de los negocios *the business world*
el intérprete *interpreter*	la razón *reason*

Viewing

1. Write **T** for Takashi and **I** for Ignacio next to the statements each person makes.

Takashi   **Ignacio**

_____ **a.** ¿Pero qué piensas hacer en el futuro con idiomas?

_____ **b.** Lo que más me gustaría ser es intérprete.

_____ **c.** Me fascina la arqueología. Me gustaría ser arqueólogo.

_____ **d.** ¿Qué planes tienes para esta tarde?

_____ **e.** Lo único que necesito hacer es terminar de escribir esta carta y mandarla.

_____ **f.** Las películas comienzan a eso de las cuatro y cuarto.

_____ **g.** Entiendo. No te interesa por ninguna otra razón.

_____ **h.** No, no es eso. ¡Es por el programa de idiomas!

Post-viewing

2. Circle the best answer to each question.

1. ¿Por qué vino Alicia a la casa de Ignacio?
   a. Vino para devolverle la mochila.
   b. Quería pedirle el número de teléfono.
   c. Tenía una cita con Takashi.

2. ¿Por qué quiere Takashi ser intérprete?
   a. Quiere ser arqueólogo.
   b. Le interesa la política y quiere trabajar con gente de otros países.
   c. Quiere ganar mucho dinero.

3. ¿Por qué quiere Ignacio ser arqueólogo?
   a. Le interesa diseñar edificios.
   b. Le gusta viajar a diferentes países.
   c. Le fascina aprender sobre la gente y las culturas del pasado.

4. ¿Cómo quedan Ignacio y Takashi en pasar la tarde?
   a. Quieren pasar la tarde en Mission Bay Park.
   b. Deciden ir al cine.
   c. Van a ir al zoológico de San Diego.

CAPÍTULO 12

Activity Master 3

Panorama cultural

Supplementary Vocabulary		
alrededor de *around*	el liceo *high school*	el viaje de egresados *senior class trip*
el cerro *hill*	la obra de *play*	

Viewing

1. Match each person with what he or she says about celebrating graduation.

   _____ 1. Nos hacen una obra de teatro o algo lindo...

   _____ 2. Salen a cenar o a bailar y a almorzar...

   _____ 3. Bueno, más fiestas con música, bailes, comidas, juegos...

   a. Sergio   **b. Paula**   **c. Edson**

2. Match each person with the way graduation is celebrated where he or she lives. In some cases, more than one answer is possible.

   a. fiesta   **b. viaje**   **c. playa**

   _____ 1. Vivian   _____ 3. Leonardo   _____ 5. Amauri

   _____ 2. Ayalu   _____ 4. Elena   _____ 6. Alexa

Videoclips

Supplementary Vocabulary		
el arco iris *rainbow*	el oriente antioqueño *the eastern region of Antioquia*	el placer *pleasure*

Post-viewing

3. Circle the best answer to each question.

   1. What was the videoclip promoting?
      a. tourism in **La Cuayú**, an ecology park
      b. water conservation
      c. service to families

   2. What is the **Cascada del Arco Iris**?
      a. a university
      b. a city in Colombia
      c. a waterfall

   3. What is COMFAMA, most likely?
      a. a tour agency
      b. a government agency
      c. a book about the origins of life

CAPÍTULO 12

Holt Spanish 2 ¡Ven conmigo!

Video Scripts

Video Program

LOCATION OPENER:
Andalucía

¡Hola! Yo soy Maribel Rojas. Soy de España. Vivo aquí en la ciudad de Sevilla. Ahora mismo estamos en la Plaza de España. Impresionante, ¿verdad? ¿Quieres ver más? Pues, ¡ven conmigo!

Andalucía, en el sur de España, es una región fascinante. Durante siglos pasados han llegado griegos, romanos y árabes.

Se puede ver aún las huellas de la civilización romana en el pequeño pueblo de Itálica.

Pero el espíritu de Andalucía viene de los árabes, como es evidente en sus monumentos.

La Mezquita, en Córdoba, es el templo más grande del Occidente y una de las mezquitas más bellas del mundo.

Durante el siglo catorce, los monarcas del reino musulmán en Granada construyeron la Alhambra —el "Castillo Rojo".

Andalucía también se conoce por la Costa del Sol —con playas de primera categoría.

Y es aquí, en Andalucía, donde nació el flamenco, un estilo de canto y baile apasionante.

La ciudad más grande de Andalucía es Sevilla, "ciudad de jardines".

En abril, se festeja la famosa Feria de Sevilla, una alegre celebración de caballos andaluces, corridas de toro, música y flores.

Por su sol, su historia y su folklore, Andalucía es quizá una de las regiones más atractivas de España.

CAPÍTULO 1
Mis amigos y yo

De antemano
Escenas de mi ciudad

—Hola, Maribel ¿qué tal?
—Hola, ¿qué tal?
—¿Vas a tomar algo?
—Sí, un zumo de naranja, por favor.
—Ahora mismo te lo traigo.
—Hola, Maribel.
—Hola, Enrique, ¿qué tal?
—Bien, ¿y tú?
—Igual. Oye, tu padre es muy amable al prestarnos la cámara.
—Sí, ¿verdad? Pero tenemos que tener cuidado.
—¿Quieres tomar algo?
—No, gracias, no tengo sed.
—Hasta luego y saludos a tus padres.
—Vale.
—Bueno, vamos, quiero empezar ya el video y gracias por ayudarme.
—¿Qué tal si empezamos aquí? Es bonito con tanta gente.
—Sí, buena idea... Buenas tardes, me llamo Maribel... ¡Ay! no, eso es muy formal, otra vez... hola... pues... otra vez. Yo soy Maribel Rojas. Voy a estar pronto en los Estados Unidos y voy a aprender mucho sobre los Estados Unidos, pero vosotros no sabéis nada de mí, y por eso estoy haciendo este video de mi ciudad y de mis amigos.
—¿Y cuántos años tienes, guapa?
—Tengo dieciséis años.
—Ajá.
—Soy de Sevilla, es una ciudad preciosa, y me encanta vivir aquí, voy a enseñaros ahora un poco de mi ciudad y vais a conocer a unos amigos, ¿vamos? ¿Listos? Ésta es la Plaza del Triunfo, allí está la Giralda, que es una torre muy vieja construida por los árabes y ése es el Alcázar, un palacio originariamente de los árabes también.
—Hola, Maribel.
—Ésta es mi amiga Pilar, es una compañera de clase, es buena estudiante, pero no le gusta para nada la clase de inglés. Hola, Pilar, habla un poco con mis nuevos amigos norteamericanos.
—Hola. *I love English very much*, es mi clase favorita.
—Ahora vamos a mi parque favorito, se llama el Parque de María Luisa, allí está mi amiga Verónica. Hasta luego Pilar.

SCRIPTS

Capítulo 1 *cont.*

—*Good bye*, hasta luego, Mari.
—Hola, Verónica, ¿qué tal?
—Bien, Mari ¿y tú?
—Muy bien.
—Hola, Vero, ¿cómo te va?
—Muy bien. ¿Y tú, señor Director? ¿Qué tal?
—Como siempre, de maravilla.
—Bueno, Enrique, quiero presentar a Verónica en el video. ¿Listo? Ésta es Verónica, mi mejor amiga.
—Hola.
—Cuéntanos, Verónica, ¿de dónde eres?
—Pues, vivo aquí, en Sevilla, pero soy de Granada.
—¿Y cuántos años tienes?
—Tengo quince años. Mari y yo hacemos muchas cosas juntas, vamos de compras, vamos al cine.
—Jugamos al tenis, estudiamos juntas.
—¡María! ¡Verónica! Hola, chicas.
—¿Estás bien? Pablo, ¿te hiciste daño?
—No, no, estoy bien.
—Y éste es nuestro amigo, Pablo. Cuéntanos, Pablo, ¿cuántos años tienes y de dónde eres?
—Hola, tengo dieciséis años y soy de Sevilla pero mis padres son argentinos.
—¿Qué te gusta hacer, Pablo?
—Pues, me gusta jugar al fútbol, comer, salir con amigos.
—Oye, Pablo, ¿te gusta nadar?
—No, no me gusta nadar.
—Oye, Maribel, hablé con tu padre. Y quiere verte. Está en casa y te espera allí. Dice que es importante.
—¿Quiere verme ahora?
—Sí.
—¡Qué raro! ¿Por qué?
—No sé por qué.
—Bueno, lo siento, tengo que ir a casa. Eh, muchísimas gracias, Enrique. Te llamo más tarde, ¿vale? ¡Qué raro!

Escenas de mi ciudad (a continuación)

—¿Qué puede ser? ¿Está enojado conmigo? A ver, no hice nada. Mis notas son buenas. Saqué al perro esta mañana. Lavé los platos esta tarde. Ay, ¡qué tontería! No tengo ni idea.
—Oh, ¿estás allí?
—Sí, Pablo dice que quieres hablar conmigo. Pero, ¿qué pasa?
—Ah. Bueno, sí, sí, quiero hablar contigo. Pero, espera aquí un momento.
—Papá. Pero, ¿qué pasa?
—Bueno, Maribel, ven conmigo. Tienes que ver algo muy importante.
—¿Importante? ¿Importante? ¿De qué hablas, papá?
—Ya verás, ya verás.
—¡Gracias, papá! ¡Qué sorpresa! ¡Gracias, mamá!

—A qué no te lo esperabas.
—Mari, ¿están muy lejos los Estados Unidos? ¿Vas a ir en tren? Me encantan los trenes, ¿puedo ir contigo?
—No, lo siento, Robertín, pero los Estados Unidos están muy lejos de aquí y voy en avión.
—¿En avión? Oh, yo quiero ir también. Mamá, ¿por qué no puedo ir con Mari?
—Porque yo te necesito aquí. Además la abuela se pondría muy triste.
—Es verdad la abuela me necesita.
—Y la sorpresa, ¿cómo salió?
—Muy bien. Fue una sorpresa total, no sabía nada de esto. Enrique, ¿qué estás haciendo?
—Pues, ¿por qué no ponemos la fiesta en el video también?
—Sí, ¿por qué no? ¡Buena idea!
—¿Lista?
—Sí. Hola de nuevo. Aquí estamos en mi casa. Como ven, mis padres me sorprendieron con una fiesta de despedida. Invitaron a mucha gente. Allí está mi tío Felipe. Vive aquí en Sevilla. Y esa señora es mi tía, Alicia. ¡Hola, tía Alicia! Ése es mi hermanito Robertín. Tiene seis años y mucha hambre. ¡Ay! Robertín, si mamá te ve. ¿Queréis ver lo que comemos aquí? Esto es tortilla española. Está hecha de huevos, patatas, aceite de oliva y cebolla. Esto es jamón serrano. Está muy rico. Y esto, esto se llama queso, queso manchego. Es muy fuerte y está hecho con leche de oveja. Estos son mis favoritos: chipirones fritos. Mmm, ¡me encantan! Allí está Verónica. Está bailando una sevillana. Es un baile tradicional de mi ciudad y de Andalucía. ¡Ole!
—Oye, Maribel, se nos acaba la cinta, ¿quieres decir algo más?
—Bueno, ya llegamos al final, tenéis una idea de cómo es mi vida, y ahora voy a ver cómo es la vida en Estados Unidos. ¡Hasta pronto!

Panorama cultural

*We asked these students if they consider them-
selves good friends and what qualities they look
for in their friends. What qualities do you look
for?*

¿Qué es un buen amigo?

[**Claudia**] Las cualidades de una buena amiga o
un buen amigo es que tengan mucha confianza
contigo y tengan amor y·felicidad. Mi mejor amiga
sería mi mamá, porque ella me entiende y yo le
entiendo a ella, ella siempre ha estado allí por mí,
y yo sé que con ella puedo contar cuando yo
quiera.

[**Jorge**] Bueno, lealtad, este... que se estén siempre juntos, siempre se ayuden cuando hay problemas. Bueno, yo me considero un buen amigo para
él, siempre lo ayudo cuando tiene problemas.

[**Juan José**] La amistad tiene que ser honesta,
franca, sincera, que no te falle. Sí, me considero
buen amigo, pues, no fallé a nadie.

[**Luis**] Mi opinión, yo digo que... un buen amigo
no debe hablar de otro atrás de la espalda y puede
estar con ellos en el momento que necesita ayuda,
y está con él cuando, cuando esté, en mal
situación. Sí, yo me considero buen amigo porque
yo, yo no hablo de él atrás de la espalda, yo lo
ayudo, yo le explico las cosas también como él me
ayuda a mí.

[**Carla**] Que sea sincero, y que no, no sea materialista, que no ande en malos pasos.

[**Diego**] ¿Las cualidades de un buen amigo? Saber
compartir, eh... ser honesto, ésas son las princi-
pales cualidades.

[**Gretchen**] Bueno, el buen amigo es el que siempre está contigo en las buenas y las malas, y que
te acompaña y te aconseja en todas las cosas.

[**Bernardo**] Bueno, son varias las cualidades que
debe tener un amigo. Una, principalmente, pues es
estar con él en las buenas y en las malas, apoyarlo, darle consejos, y pues, emm... ¿qué más?...
aconsejarlo que está bien y lo que está mal. Sí, yo
me considero buen amigo también porque hago lo
mismo.

[**Daniel**] Nunca dejarlo solo, apoyarlo en todo
momento y siempre estar allí en las buenas y las
malas.

Videoclips

La esperanza somos todos. Adoptemos una acti-
tud positiva frente a las personas más limitadas.
Un mensaje del Servicio Seccional de Salud de
Antioquia y el Comité Regional de Rehabilitación.

SCRIPTS

CAPÍTULO 2
Un viaje al extranjero

De antemano
¿Dónde está la carpeta?

—¡Qué suerte tiene Maribel! ¡Pasar un año en los Estados Unidos! No está mal.

—Sí, a mí me gustaría también.

—¿Sabes en qué ciudad va a estar?

—Sí, en Chicago.

—¿A qué hora sale el avión?

—No estoy segura... a eso de las cinco.

—¿Vas al aeropuerto también?

—No, no puedo. Por eso voy a su casa ahora. ¿Por qué no vienes conmigo?

—Me gustaría, pero tengo que regresar a casa. Pero la llamé anoche. Hablé con ella un rato. Está nerviosa, ¿no?

—Sí, está un poquito nerviosa.

—Bueno, a ver... el pasaporte, el billete de avión y los cheques de viajero. Todo está.

—Abuela, ¿quieres jugar conmigo un rato?

—Ay, lo siento, Robertín, pero estoy ocupada. ¿Por qué no vas a ver si tu padre y tu hermana tienen tiempo?

—Vaqueros... sí. Jerseys... sí. Calcetines... sí. Bañador... Todavía tengo que meter el bañador, pero ¿dónde está?

—Hola, Maribel ¿qué haces?

—Estoy buscando el bañador... aquí está. ¡Ay! Vero, estoy volviéndome loca. Hay un millón de detalles y todavía tengo mucho por hacer.

—Oye, ¿quieres ayudarme?

—Sí, cómo no. ¿Qué quieres que haga?

—Pues, léeme las cosas en la lista.

—Hola. ¿Qué estáis haciendo? ¿Puedo ayudaros?

—Gracias, Robertín, pero estoy muy ocupada. Bueno, puedes entrar, pero estáte quieto, ¿vale? ¿Dónde estamos, Vero?

—Eh... camisetas...

—Sí tengo las camisetas, ponle una marca.

—¿Por qué llevas estos guantes?

—Porque voy a Chicago y allí hace frío en invierno. Deja los guantes por favor. Sigue, Vero.

—Eh... blusas...

—¿Qué te parece, la azul o marrón?

—Pues... no sé... ¿no puedes llevar las dos?

—Bueno, ¿por qué no?

—Mari, ¿por qué llevas estas cintas?

—Ay, Robertín, porque pienso escuchar música en el avión. Déjalas por favor.

—Aquí dice "ir al banco".

—Ah, sí. Ponle una marca. Fui ayer al banco y pon otra en llamar a tía Luisa. La llamé anoche.

—¿Te vas a llevar también este sombrero?

—¿Cómo? No sé, tal vez.

—Mira, el sombrero está en la maleta.

—Ay, Robertín, ¿qué haces? Molestas mucho. ¿Por qué no vas a ver la tele? Bueno, tengo una idea. En los Estados Unidos voy a estar lejos de vosotros. ¿Qué tal si me haces un dibujo de la familia? ¿Qué más, Vero?

—Los zapatos, ¿los negros?

—Sí, ya están y los marrones también.

—¿Ya tienes la raqueta de tenis?

—Sí, está aquí, pienso seguir con las lecciones, la semana pasada jugué uno muy bien y no quiero olvidar nada.

—Robertín, recoge las cosas y ve a la sala.

—Bien, papi.

—Mari, Mari, ¿puedo llevar los rotuladores en la sala?

—Sí, claro, Robertín.

—Hola, niñas, ¿cómo va?

—Bien, papi, ya estoy casi lista.

—Bien. Oye, ¿dónde tienes el boleto de avión? Quiero ver si tienes ya la tarjeta de embarque.

—Está allí en la carpeta.

—¿Dónde?

—Allí en la silla.

—Pero yo no veo aquí ninguna carpeta.

—¿Cómo? ¡Tiene que estar aquí!

—Maribel, todos los documentos y el dinero están en esa carpeta, ¿no? ¿Dónde la dejaste? Hija, debes tener más cuidado.

—Verónica, ayúdame a buscarla por favor, si no la encuentro, no puedo irme hoy. No... El billete, los cheques de viajero, el pasaporte, todo estaba en esa carpeta, ¿qué pasó? La dejé aquí. No es posible. Esto no es posible. ¡Uf, qué desastre!

¿Dónde está la carpeta?
(a continuación)

—Esto no lo entiendo ¿Dónde puede estar? La dejé en la silla.

—Pues ya buscamos en este cuarto y no está, tiene que estar en otro sitio, ¿no?

—Ojalá que sí, pero estoy segura que la dejé allí.

—No te preocupes, la vamos a encontrar. A ver... ¿qué hiciste esta mañana?

—A ver... tomé café con leche en la cocina, vamos allí.

—Mira mi dibujo, Mari. Ésta eres tú.

—Ahora no tengo tiempo, hermanito. Estoy buscando algo muy importante.

—Abuela, ¿has visto mi carpeta con los documentos?

—¡Ay! hija, no, lo siento, pero no. ¿Os ayudo a buscarla?

—Gracias, abuela.

—Hija, ¿qué pasó?

—¡Ay, no sé! Mamá, la tenía en mi cuarto y ya no está.

—Bueno, los ayudo a buscarla. ¿Cómo es la carpeta?

—Es así de grande y marrón.

—Bien, en alguna parte de la casa tiene que estar. ¡Vamos!

—Vamos.

Capítulo 2 *cont.*

—Mamá, mira mi dibujo, aquí estás tú y éste es nuestro coche.

—Hijo, ahora mismo no puedo mirarlo.

—¿Por qué? Mamá, es muy bonito.

—Tal vez esté aquí.

—Mari, ¿puedes mirar el dibujo ahora? Aquí está el avión.

—Robertín, ya te lo dije. Estoy ocupada. Más tarde, ¿vale?

—Por favor, Mari.

—Mmm, ¡qué bonito!

—Maribel, ¿fuiste al patio con la carpeta?

—No lo creo, pero ahora todo es posible.

—¿La encontrásteis? ¡Ay, qué molestia! Bueno, os ayudo a buscarla. ¿Ya la buscasteis en los dormitorios?

—En el mío, sí, pero no en los otros.

—Bueno, allá voy.

—Esto no puede ser. ¿Qué voy a hacer? No puedo irme sin esa carpeta.

—Mira. Mira, ya he terminado mi dibujo.

—¡Robertín!

—¿Qué pasa? ¿No os gusta mi dibujo?

—Sí, ¡es una maravilla! Es el mejor dibujo del mundo.

Panorama cultural

We asked several teenagers from Spanish-speaking countries where they would go if they could live anywhere in the world for one year, and why. How would you answer the question?

¿En dónde te gustaría vivir?

[Mario] Bueno, a mí me encanta Costa Rica, yo creo que... que ese país me encanta, y antes de conocer cualquier otro, preferiría conocer lo más que pueda mi país.

[Ana María] A Francia, porque... me parece que es un país muy lindo, y me encantaría aprender francés. Quisiera ir a estudiar allá.

[Fernando] Me gustaría viajar a cualquier país. Me gusta conocer gente distinta a la mía, a la de mi país, aprender cosas de otros países, cultura, lengua, monumentos, historia.

[Marta] Me gustaría vivir en España porque, ah, los antepasados de la familia vienen de España y me gustaría conocer las raíces de donde venimos.

[Juan Carlos] Me gusta mucho mi país. Venezuela tiene muchos recursos naturales. Me gusta aquí.

[Santiago] A Tokio, porque me gusta mucho lo oriental.

[Lisa] Mmm... a los Estados Unidos, porque me gusta, porque hay muchas razas, o sea, muchas clases de idiomas, así, se juntan muchas culturas.

[José Luis] Ah... me gustaría ir a Brasil. Pues no sé, para... me gustaría vivir en Brasil simplemente porque es un país bastante grande del cual conozco poco. Tengo buenos amigos brasileños. Me gusta muchísimo la... la música del Brasil.

[Ligia] Me encanta, Ecuador, me encanta todo, sus paisajes, todo, la gente, me encanta el Ecuador.

[Alex] Me gustaría viajar a Roma por los monumentos y las fuentes, los museos.

Videoclips

Imagínate una tierra verde y azul, una tierra que ha dado el nombre al mar y llena de playas a toda costa. Imagínate una tierra que es pórtico de la cultura. Imagínate una tierra donde la naturaleza explota sin reservas.

Si imaginas una tierra así, imaginas naturalmente ¡Cantabria!

Cantabria, por naturaleza.

¡Hola! Yo soy Miguel. Y yo me llamo Ana María. Somos de la Ciudad de México. Ahora estamos en las pirámides de Teotihuacán, cerca de la ciudad. Son impresionantes, ¿verdad? ¿Te gustaría ver más? Muy bien. ¡Ven con nosotros!

El Valle de México se encuentra en el centro de México, y en el centro del mundo en la escena cultural.

Su arte se inspira en las ricas culturas indígenas —incluyendo la teotihuacana, la tolteca y la azteca— y en la vida en una ciudad cosmopolita, la ciudad más grande del mundo, la Ciudad de México.

México tiene mucho que ofrecer por medio de sus museos, mercados, teatros y restaurantes.

En esta ciudad se viaja mejor por metro, un medio de transporte económico y eficiente.

Viajar por el Valle de México es viajar a través de miles de años de historia. Las ruinas de Teotihuacán nos hablan de una sociedad avanzada que existió mucho antes que la azteca.

El Valle de México, arraigado en la historia, con cara al futuro, una sociedad dinámica y rica en cultura.

CAPÍTULO 3
La vida cotidiana

De antemano
Una entrevista con Lupita Cárdenas

—Un momento, ¿estamos grabando? Eh... Bienvenidos amigos a una edición especial de "El Show de Mónica Beltrán". Comenzamos nuestro programa aquí en las impresionantes pirámides de Teotihuacán cerca de nuestra querida Ciudad de México. Es aquí en este lugar histórico y precioso que una de nuestras famosísimas actrices va a grabar un documental acerca de la importancia cultural del mundo precolombino. ¿De quién hablamos? Pues, nuestra invitada es una persona muy especial, muy conocida por todo el país y tan popular por sus telenovelas, que yo sé que les va a gustar muchísimo. Es ella, nuestra estrella brillante Lupita Cárdenas y ella nos habló de su bellísima casa de la ciudad este viernes pasado. Vamos allá.

—Bien, amigos, aquí estamos en la casa de Lupita Cárdenas. Gracias Lupita por invitarnos a tu hermosísima casa. ¿Cómo te va?

—Hola Mónica y hola queridos amigos. Pues aquí, me va de maravilla. ¿Saben que ya tengo una nueva película para televisión y el nuevo documental que vamos a grabar en las pirámides va a ser magnífico.

—Te felicitamos Lupita y te felicitamos también por tu casa tan linda. ¿Nos la enseñas?

—Claro, por supuesto, vamos.

—Vamos... Muy bonita, de verdad que muy bonita.

—¿Te parece?

—Ese rincón está precioso.

—Ay, gracias, bueno, mira, vamos a empezar por este lado.

—Y cuéntanos también cómo es tu vida, cómo es realmente un día típico en tu vida tan ocupada.

—Pues ya sabes Mónica, mi vida es muy sencilla, realmente soy una persona muy sencilla y de verdad soy como todo el mundo. Todos los días me levanto a las siete y media.

—¿Cada mañana a las siete y media?

—Bueno, Mónica, la verdad es que los domingos me despierto un poco más tarde, a las diez, pero los demás días me despierto temprano.

—Fíjate no más, te levantas tarde sólo los domingos.

—¿Y después?

—Después de levantarme me baño, me lavo los dientes, claro, y me peino, allá en el cuarto de baño.

—¡Ay, qué bonito cuarto de baño!

—En realidad no gasto mucho tiempo en maquillarme, cinco minutos máximo, ¿eh? Un poquito de colorete, un poco de lápiz labial y ya está.

Capítulo 3 *cont.*

—Normalmente desayuno después de vestirme. Por lo general tomo un café con leche. Ah, ¿quieres un café?
—No, gracias, entonces... primero te vistes y luego desayunas... y en tu casa, ¿haces los quehaceres tú sola?
—Bueno, Mónica, la verdad es que, sí, a veces yo misma los hago. La semana pasada, por ejemplo, lavé los platos y limpié la cocina.
—¡Qué cosa! ¿Oyeron amigos? La famosa Lupita Cárdenas dice que limpió su propia cocina la semana pasada, ella sola. Y en tus ratos libres, ¿qué haces?
—Bueno, Mónica, si tengo tiempo, hago aeróbicos y gimnasia. Ah, y me encanta tocar el piano.
—¿El piano? ¿Y cuánto tiempo hace que tocas el piano?
—¡Uy! Hace como veinte años, por lo menos... Es que empecé a tocar el piano muy, muy, muy, muy joven.
—Pues sí, claro, vamos al jardín.
—Sí, vamos.
—Me encanta, me encanta la naturaleza.
—Oye Andrés, allá en León, ¿es popular Lupita Cárdenas?
—Sí, muy popular. Es mi actriz favorita.
—¿De veras? Aquí nos gusta muchísimo también.
—Y ahora, Lupita, habla un poco de tu próximo proyecto, el documental en las pirámides.
—Bueno, voy a estar en las pirámides de Teotihuacán. Vamos a grabar un programa educativo sobre la cultura precolombina. Comenzamos mañana y vamos a estar allá durante tres días.
—Y allá la tienen amigos, nuestra talentosa Lupita Cárdenas que va a grabar un documental especial allá en nuestra joya de la cultura precolombina. ¡No se lo pierdan!
—Ah, va a estar en las pirámides. ¿Por qué no vamos ahí mañana?
—¿A ver las pirámides o a Lupita Cárdenas?
—A ver las pirámides, claro.
—Pues a mí me parece padrísimo. Hace dos semanas que vivo aquí en la capital y tengo muchas ganas de ver las pirámides.
—Perfecto, entonces mañana vamos. Y Andrés, lleva una cámara para sacar fotos de las pirámides. Son estupendas.

Una entrevista con Lupita Cárdenas (a continuación)

—Miren, mi mamá se levantó temprano para prepararnos unos sándwiches. ¿Y qué más hay? Hay galletas también.
—¡Qué amable tu mamá! Se levantó temprano, y tú Miguel, ¿te levantaste temprano para ayudarla?
—No, pero lavé los platos después.

—¿Y tú, Andrés, ayudas con los quehaceres?
—Sí, ayudo con los quehaceres. Saco la basura, paso la aspiradora y limpio mi cuarto.
—¿Quieren un sándwich?
—Sí, gracias.
—Gracias, Miguel.
—Mmm... tengo muchísima hambre.
—¡Ay! Miguel, tú siempre tienes hambre. Pero en este caso, yo sí tengo hambre también.
—Miren, allí está el equipo de la televisión. Vamos allá a ver si está Lupita.
—Sí, perfecto. ¡Vamos!
—Ay, no, parece que ya terminaron el rodaje. ¡Qué pena!
—Sí, pero miren, todavía está allí Lupita. Vamos rápidamente.
—Lo siento, muchachos, aquí no pueden pasar.
—Es que... quisiéramos...
—Sólo queremos pedirle su autógrafo.
—No se puede, lo siento.
—Está bien, Manolo. Tengo tiempo ahorita. Vengan muchachos.
—Bueno, hola. Y ¿quiénes son ustedes?
—Eh... eh...
—Vamos, ¡hablen! ¡No tengan miedo!
—Hola, yo me llamo Ana María, Ana María Saucedo. Es un gusto conocerla.
—Eh... me llamo... me llamo...
—Y yo me llamo Miguel Paredes. Mucho gusto. Usted es nuestra actriz favorita. Nosotros vemos todos sus programas de televisión y todas sus películas.
—¡Qué amables! Me encanta oír que a los jóvenes les guste mi trabajo.
—¿Podemos pedirle el favor de darnos su autógrafo?
—Pero, por supuesto. Casualmente aquí traigo unas fotos mías. Yo les firmo las fotos. ¿Y cómo se llaman?
—Me llamo Miguel Paredes.
—Y yo Ana María Saucedo.
—Y tú, ¿cómo te llamas?
—Eh... eh... eh...
—Se llama Andrés González.
—Es hora de salir, señorita Cárdenas.
—Bueno, muchachos, ya me voy. No se pierdan mi documental ¿eh?...
—Ésta es la pirámide del sol. Es la estructura más grande de Teotihuacán. Se dice que los primeros habitantes de esta región cruzaron lo que hoy es el estrecho de Bering y bajaron desde lo que hoy es Alaska. Llegaron a México hace miles de años.
—¿Cuándo construyeron las pirámides?
—Los teotihuacanos comenzaron la construcción de las pirámides más o menos hace 2,000 años y Teotihuacán llegó a su máxima importancia entre los años 350 y 650. Se dice que la población llegó hasta las 200 mil personas en esa época.
—¿Por qué no subimos ahora?

—¡Hija!

—Esa pirámide allá, ¿cuál es?

—Ésa es la pirámide de la luna. Terminaron su construcción más o menos en el año 300 después de Cristo. Allí está la Calzada de los Muertos. Comienza allá abajo y termina arriba, allí en la pirámide de la luna.

—¿Y por qué la llamaron la Calzada de los Muertos?

—Se dice que es un error. Nombraron así la calle, pensando que había gente enterrada a su lado, pero no es verdad.

—¿Por qué no bajamos a ver el Templo de Quetzalcóatl?

—Sí.

—¡Qué suerte! ¿no, querida?, encontrar a un grupo con guía. ¿Quieres bajar también? Me gustaría aprender sobre el Templo de Quetzalcóatl.

—Sí, mi amor, ¡vamos con ellos!

—¿Qué hacemos? Ahora todo el mundo cree que somos un grupo con guía. Ana María, es que sabes demasiado sobre Teotihuacán.

—Bueno, anoche terminé un reportaje sobre Teotihuacán para la profesora Ramírez, es mi profesora de historia y me acuerdo de mucho. ¡Tengo una idea!

—Éste es el Templo de Quetzalcóatl. Quetzalcóatl fue el dios azteca del aire y del viento. En este templo podemos ver muchas esculturas hermosas sobre Quetzalcóatl y Tláloc el dios de la lluvia. ¿Por qué no van para ver de cerca el increíble detalle de las esculturas?

—Sí, vamos.

—Allá nada más.

—Geraldo, ven.

—Sí, mi cielo.

—Oye, ¿sabes tú si esto estaba pintado?

—Mmm... qué pregunta tan interesante, pero no sé, se lo preguntaremos a la guía. Pero, nuestra guía, ¿dónde está? ¿Dónde está nuestra guía?

—Todavía no lo creo. Conocimos a Lupita Cárdenas.

—Sí, ¡qué padre!

—Bueno, pues, Andrés, y las pirámides, ¿te gustaron?

—Sí, me encantaron. Son impresionantes y aprendí muchísimo de la civilización avanzada de nuestros antepasados indígenas. Me gustaría muchísimo volver. Hay mucho más que ver.

—Sí, es verdad, son fascinantes. Y tú, Ana María, ya sabes cuál es tu futura profesión.

—¿Sí, qué?

—¡Guía turística!

Panorama cultural

We talked to the following people and asked them about their jobs and their daily routines.

¿Cuál es tu profesión?

[Fernando] Eh, soy licenciado en sistemas de computación administrativa. Normalmente me levanto a las siete para poder asistir al trabajo a las nueve de la mañana. De nueve a dos de la tarde estamos en un centro de copiado y de cómputo para poder procesar imágenes y poderlas imprimir en playeras. Primeramente nosotros conseguimos una imagen, ya sea dibujo. Esto es un dibujo en tinta china o una fotografía. Ésta que es de búhos es... son pinturas típicas de la región, de acá de Guerrero, de Taxco. Las realizan en un papel natural de árbol. Nosotros le tomamos la foto, le ponemos el texto, por medio de computadora y copiadora la pasamos a un *transfer*, y la imprimimos por medio de una plancha de calor a 180 grados en una playera.

[Patricia] Bueno, me despierto a las diez en la mañana y vengo a vender perfume en el Grove. Me voy a la casa y como. Entonces me voy a dormir y entonces salgo.

[Guadalupe] Mira yo soy abogado, actualmente en función pública. Un día normal de trabajo comienza muy temprano, llego a mi oficina, mi despacho, en un instituto autónomo del estado. Y bueno, sé a qué hora llego, no sé a qué hora salgo. El día de hoy me tomé un minuto de vacación porque estaba sumamente estresada y decidí salir de paseo con mi esposo y con un amigo.

[Roy] Aquí soy el director del mariachi Los Caporales. Y tocamos aquí cada fin de semana, los viernes y los domingos. Hacemos cuatro *shows*— dos, tres, cuatro y las cinco.

[Cristina] Periodista, prestada al comercio. Generalmente nos abre la persona que está encargada de la tienda y abrimos a las nueve y media, hasta las dos de la tarde; cerramos una hora hasta las tres, y luego volvemos a abrir hasta las siete de la noche.

[Óscar] Eh... pintar, pinto, de vez en cuando, ¿no? pero pinto. Bueno, me levanto muy temprano, tipo siete, seis y media de la mañana y empiezo mi tarea, ¿no? Vengo para acá a trabajar, trabajo acá en el caminito hasta la tarde. Y después en la tarde empiezo a pintar hasta la madrugada a veces.

[Oficial Hernández] Mi profesión es guardia municipal de aquí de la ciudad de Ponce. Durante mi trabajo, pues dependiendo del turno, como este turno que tengo hoy, pues me levanto a las tres

Capítulo 3 *cont.*

menos diez de la madrugada para estar a las tres y media en el cuartel, para entrar a las cuatro de la mañana a hacer mi trabajo, de la madrugada. Y dependiendo de la demarcación que me asigne mi supervisor, pues estoy todo el tiempo, todo el tiempo caminando, y verificando que no vayan a hacer daño a ninguna propiedad del municipio de Ponce.

[Diego] Ah.... bueno... este... paseador de perros, se llama, eh... también yo hago adiestramiento y otras cosas, pero mayormente paseo, ¿no? Y más o menos, este... se recogen todos los perros, este... después los llevamos a un parque, ahí... se sueltan, juegan un rato y los devolvemos, más o menos esto es, este... de mañana, unas cinco horas, cada perro pasea unas cuatro horas, más o menos.

Videoclips

Fagor

Las nuevas lavadoras inteligentes de Fagor tienen un programa para tejidos muy delicados. Si Ud. se equivoca al elegir un programa, no se preocupe. De la temperatura del agua se encarga la lavadora. Nueva generación de lavadoras inteligentes de Fagor. Tecnológicamente fantásticas.

Importadora Monje

Importadora Monje presenta lavadoras en vía de extinción. Pocas veces en la tierra de las promociones se ha visto tanta belleza. Estas lavadoras semiautomáticas son fantásticas. Su capacidad de diez libras con doble tanque, sus contornos modernos y su precio de contado de diecinueve mil novecientos más impuesto de venta es increíble. Y el crédito quincenal de ochocientos setenta y cinco es único. Por eso podemos dar fe que de la tierra de las promociones pronto desaparecerán las lavadoras.

CAPÍTULO 4
¡Adelante con los estudios!

De antemano
Podemos trabajar juntos

—Bueno, Andrés, hace tres semanas que estás en la capital, ¿y qué te parece el colegio?

—Me parece padrísimo, hombre, hay más gente aquí que en el colegio de León y los profesores son menos exigentes. Creo que me va a gustar mucho.

—¿Los profesores te parecen menos exigentes aquí que en el colegio de allá? Deberías tomar historia con el profesor Ramírez. Es un profesor

excelente, pero para sacar una buena nota en su clase, tienes que aplicarte mucho, mira...

—Pero sacaste una buena nota: ocho punto cinco.

—Sí, saqué una buena nota, pero trabajé muchísimo.

—Sí, yo tomé su clase el año pasado, me gustó mucho. El profesor Ramírez es muy buena gente y es mejor que muchos otros profesores, pero Ana María tiene razón, su clase fue difícil.

—Mira, ¡qué casualidad! Está allá en las escaleras, ese señor que lleva los anteojos.

—¿Ése es el profesor Ramírez? Mmm... no, todavía no lo conozco.

—Oigan, ¿qué tal si vamos a tomar algo? Tengo sed.

—Sí, buena idea.

—¿Ya hicieron la tarea para la clase de arte? Los dos dibujos de los monumentos.

—Ay, los dibujos de los monumentos. No, todavía tengo que hacerlos.

—Sí, yo también tengo que hacerlos.

—¿Saben? Estoy algo preocupado por ese proyecto. Me parece complicado y no soy un artista muy bueno.

—Miguel, mira. No debes preocuparte tanto.

—¡Tengo una idea! ¿Por qué no hacemos los dibujos juntos? ¿Qué tal... mañana?

—Sí, ¿adónde quieren ir para hacerlos?

—¿Por qué no vamos al parque de Chapultepec? Podemos dibujar el monumento de los Niños Héroes y el castillo, ¿qué les parece?

—Me parece bien. Me gustaría ver el parque. Todavía no lo conozco.

—Gracias.

—Gracias.

—¿Ves a la chica que está allá? ¿La conoces, Andrés?

—No, todavía no la conozco.

—Pues es nuestra amiga. Se llama Beatriz. Es muy simpática. Debemos salir todos juntos una noche, ¿no?

—Oigan, ¿por qué no hacemos algo con Beatriz el domingo? ¿Qué les parece?

—A mí me parece bien.

—¡Qué buena idea! Podemos ir al cine, ¿no?

—¿Por qué no la llamas para invitarla?

—Muy bien, mañana la llamo.

—Muy bien, entonces mañana vamos al parque de Chapultepec para dibujar y el domingo vamos al cine.

—¿Qué tal si nos reunimos mañana en la estación del metro?, tal vez en la estación que está cerca de tu casa, Andrés.

—Sí, perfecto. Bueno, nos vemos mañana en el metro entonces.

—Hola, ¿qué tal Ana María?

—Bien, Miguel, ¿y tú?

—Más o menos. Todavía estoy algo preocupado por aquel proyecto.

—Ay, Miguelito, tranquilo. Todo va a salir bien.

—Hola. Ya llegaron. Lo siento. Me desperté un poco tarde. ¿Hace mucho que me esperan?

—No, no.

—¿Estás bien, Andrés? ¿Estás cansado?

—Sí, estoy un poco cansado. Estudié mucho anoche y no dormí bien, pero ya estoy listo para trabajar. Tengo mis lápices y mi cuaderno para dibujar.

—Yo también estoy listo, ayer me compré una nueva goma de borrar.

—Bueno, qué buena onda. ¿Listos?

—¿Dónde estamos?

—A ver... estamos... Mira, ahorita estamos en esta estación, para ir a Chapultepec, que está aquí, tenemos que tomar esa línea y cambiar aquí en esa estación.

—Ah... muy bien, ya veo.

—¿Nos vamos, Andrés?

—Sí, sí.

—¡Ay, no! Allí está Andrés.

—Y aquí estamos nosotros.

—Dios mío, ¿qué hacemos? Andrés está todavía en la estación y no conoce bien México... y es la primera vez que toma el metro.

—Mira, no te preocupes. Él tiene un mapa del Metro y tú ya le enseñaste cómo llegar a Chapultepec, ¿verdad?

—Sí, pero... ¿por qué no regresamos a la estación?

Podemos trabajar juntos (a continuación)

—Dios mío, ¿qué hacemos? Andrés está todavía en la estación y no conoce bien México... y es la primera vez que toma el metro.

—Mira, no te preocupes. Él tiene un mapa del Metro y tú ya le enseñaste cómo llegar a Chapultepec, ¿verdad?

—Sí, pero... ¿por qué no regresamos a la estación?

—Y ya está. ¿Qué les parece? No soy un gran artista, pero...

—Hombre, ¡está muy bien! Mira, Rocío.

—Salió muy bien, Andrés, ¿sabes? Tú tienes mucho talento.

—¿Sabes? Estoy un poco preocupado. No encontramos a Andrés en la estación del metro.

—Sí, yo también.

—Bueno, ya estamos en el monumento a los Niños Héroes. ¿No lo ves por aquí?

—Mira, ¡qué buena onda! Está allá sentado en la banca.

—Bueno, tomen, es para ustedes.

—Gracias.

—Pues ya tenemos que ir. Gracias por el dibujo. Adiós.

—Nos vemos. Chao.

—Adiós.

—¿Qué les pasó? ¿Por qué tardaron tanto?

—Perdón, nos perdimos.

—Está bien, yo lo pasé muy bien. Comencé a hablar con esas dos chicas. Se llaman Rocío y

Consuelo. ¿Saben? Viven muy cerca de mi casa. Son hermanas. Así que ya tengo dos nuevas amigas. Pero, ¿qué pasa?

—Es que regresamos a la estación, te buscamos ahí y aquí te encontramos... con dos nuevas amigas.

—Bueno, aquí estamos, debemos empezar, ¿no?

—Mira, Miguel, debes... no sé, sentir tu arte un poco más.

—Mmm... estoy orgulloso de mi dibujo. Si ya terminaron, ¿por qué no vamos a dar una vuelta al parque?

—Sí, hace calor y ya no quiero dibujar. ¿Por qué no tomamos algo primero?

—Me parece bien. Tengo sed.

—Sí, yo quiero comer algo. Tengo hambre.

—Tú siempre tienes hambre Miguel.

—Sí, perfecto, ¡vamos!

—¡Qué buena idea venir aquí para dibujar! Chapultepec es un parque padrísimo.

—Y bastante grande. Todavía tenemos que enseñarte el castillo, el Museo de Antropología, todo.

—Ay, no Miguel, no podemos hacer todo hoy, todavía nos falta un dibujo. Pero el castillo es impresionante. Bueno, qué tal si buscamos un buen sitio para dibujarlo.

—¡Qué trabajadora eres! Bueno, pues vamos allá.

—Bueno, terminé este dibujo, y ustedes, ¿terminaron?

—Sí, acabé con mi dibujo también, y tú, Miguel, ¿ya terminaste?

—Sí, pero estoy dibujando uno más.

—¿Uno más? ¿Por qué?... si sólo necesitamos... dos dibujos.

—Un momentito...

—Pero Miguel, dijiste que no eras un gran artista. Y ahora, ¿tienes tres dibujos?

—Sí, un momento, es que por fin estoy sintiendo mi arte, y lo que siento es que tengo hambre.

Panorama cultural

We asked some students what they do after school. What do you think they will say? Do you think their after-school activities will be different from yours?

¿Qué haces después del colegio?

[Victoria] Después del colegio me voy a mi casa, espero a que vengan mis hermanas de los otros colegios y nos vamos para la quinta.

[Jennifer] Pues... me quedo aquí un rato con todos mis amigos y me voy a mi casa, voy a bailar, practico jazz.

[Marcela] Luego del colegio... luego del colegio voy a mi casa. Recibo clases de francés en la Alianza Francesa. Me quedo ahí hasta las cinco de la tarde más o menos y de ahí vuelvo a mi casa, hago deberes y nada más.

Capítulo 4 *cont.*

[Flavio] Eh... voy a jugar a la pelota y eh... converso con mis amigos.

[Paula] Después del colegio, pues comer, luego descansas, das la vuelta con las amigas, ir a jugar algún deporte, caminar por la playa. Bueno, luego ya a estudiar.

[Juan Fernando] Después del colegio, eh... voy a la casa, almuerzo con mi familia, hago mis deberes, y salgo, me voy a una pista de bicicross y ahí paso hasta las ocho de la noche y regreso a mi casa.

[David] La mayoría del tiempo, pues estudiando ¿no? me la paso revisando, o salgo a jugar al jardín. Tengo clases especiales de piano, toco los instrumentos.

[Maricela] Voy a mi casa con mis hermanas. De ahí, bueno hago las tareas y a veces bueno, juego al voleibol.

[Leonardo] ¿Después del colegio? Mmm... me quedo un rato hablando con mis amigos, eh... vuelvo a mi casa y estudio. Si tengo algo para estudiar, estudio, si no, miro la tele.

[Vivian] Bueno, llego a la casa, me cambio, hago mis tareas y después, veo una hora de televisión más o menos y a estudiar de vuelta.

[Martín] ¿Después del colegio? Eh... voy a dormir, estudio un poco de vez en cuando y a veces voy al gimnasio o voy a estudiar inglés.

Videoclips

El tirante debe estar directamente proporcional a cada extremo. Tiene que estar igualito a cada lado.

Un monte,
un pájaro que cruza,
y hasta las propias penas nos hacen sonreír.

Quiero instruir al campesino para que él entienda que en sus pequeñas parcelas podemos producir...

Segundo premio COMFAMA al mejor maestro de Antioquia. Postule su candidato antes del 11 de junio.

LOCATION OPENER:
Texas

Hola, me llamo Pedro y soy de San Antonio, Texas. San Antonio es una ciudad de mucha importancia histórica. Ésa es la Misión de San José, fundada por los españoles. ¿Quieres ver más? Entonces, ¡ven conmigo!

Texas, conocido en todo el mundo por sus grandes espacios y ciudades, sus vaqueros, su comida picante y su folklore único.

Más de veintiocho grupos étnicos forman el estado de Texas, haciendo de éste un estado muy diverso.

Pioneros alemanes fundaron varios pintorescos pueblos.

También se puede apreciar la influencia cultural mexicana en la vida de hoy. Una persona entre cuatro es hispana.

Muchos hispanohablantes viven en San Antonio, una ciudad única por sus ejemplos de arquitectura colonial y sus raíces mexicanas.

Una de las más bellas misiones de San Antonio es la Misión de San José, obra maestra de la arquitectura española en los Estados Unidos, construida en 1720.

En San Antonio y en todo Texas la herencia mexicana se mantiene viva.

CAPÍTULO 5
¡Ponte en forma!

De antemano
Él dice... Ella dice

—Gracias por invitarme a la exhibición, Jimena.

—De nada. Cristóbal está muy emocionado. Ésta es su primera exhibición.

—Debes estar muy orgullosa de tu hermano.

—Sí, todos estamos orgullosos.

—¿Quién más va?

—No estoy segura. Invité a toda la clase.

—Oye, Jimena... ¿Por qué no jugaste al voleibol con nosotras el sábado?

—Lo siento, iba a jugar pero no pude. Gustavo y yo hicimos ejercicios todo el día. Bueno yo hice ejercicios y él sólo dio excusas.

—No te pares... vamos... ándale.

—Es que no funciona mi radio.

—El que no funciona eres tú.

—¿Qué sabes del hermano de Jimena?

—No mucho, sólo sé que es muy buen artista. Su exhibición debe ser interesante. Oye, Gustavo, ¿qué hiciste el sábado?

—Bueno, hicimos mucho ejercicio, fuimos primero a correr.

—¿Jimena y tú?

—Sí. Por supuesto, yo estoy en plena forma, pero ella...

—Ya dimos la vuelta a este parque dos veces. Estoy medio muerta.

—Debes correr por una hora al día para ponerte en forma.

—Tengo que descansar un poco. No quiero sudar mucho.

—Después de correr fuimos al nuevo gimnasio para levantar pesas.

—¿Se inscribieron en el nuevo gimnasio? ¿Qué pasó?

—Yo me divertí mucho, pero Gustavo salió de allí sin poder moverse ni un dedo.

—Mira que voy a hacer veinticinco libras.

—Dobla las rodillas al levantar las pesas, Gustavo.

—Yo sé hacerlo. ¡Ay, me lastimé la espalda!

—Luego fuimos al gimnasio. Salté a la cuerda por media hora, hice cien abdominales y levanté pesas por dos horas.

—¿Y qué hizo Jimena?

—Nada, excepto quejarse del dolor de sus brazos. Jimena, debes continuar. No tienes mucho peso en la barra.

—¡Ay, no puedo! Es que me duelen muchísimo los brazos.

—Pero Jimena, sólo hiciste tres repeticiones. No debes estar cansada.

—Mira, allí viene el autobús.

—Hola, muchachas.

—Hola, Pedro.

—Hola, Gustavo.

—¿Cómo están?

—¿Cómo les fue en el colegio hoy?

—Bien, pero el examen de matemáticas fue muy difícil para mí.

—Y a ustedes, ¿cómo les fue?

—Mmm... más o menos, ahí, ahí... ¿Cómo está la espalda, Gustavo?

—Bien, ¿por qué?

—Ah...

—Y Jimena, ¿qué tal los brazos?

—¿Cómo? ¿Los brazos?

—Ah...

Él dice... Ella dice
(a continuación)

—Carla, ¿te parece que algo está mal aquí?

—Sí, aquí hay gato encerrado.

—Gustavo, ¿de qué habla Jimena?

—Jimena, ¿de qué habla Gustavo?

—Bueno...

—Es que...

—¿Por qué no nos dicen lo que pasó este fin de semana, pero de veras?

—Pues, tal vez exageré un poco.

—¿Exageraste? ¿Qué? ¿Qué les dijiste?

—¡Gustavo! Bueno, quizás yo también exageré un poco.

—Tú, ¿qué les contaste?

—¡Jimena!

—La verdad es que sí hicimos ejercicio este fin de semana, pero fue muy difícil para mí. Necesito ponerme en forma.

—Y fue muy difícil para mí también. Yo tampoco estoy en buena forma. Como te dije, Carla, comenzamos en el parque y fuimos para correr.

—Corrimos apenas media milla cuando nos cansamos y ya no pudimos más. Nos dimos cuenta de que necesitamos mucho más ejercicio aeróbico. Decidimos en este momento comenzar caminando. Vamos a ir al parque tres veces por semana para caminar unas millas. Más tarde podemos correr.

—Ya estoy bien cansado. ¿Por qué no caminamos por el resto del *track*?

—Sí, vamos a caminar. Ya estoy cansada.

—¿Y qué pasó de verdad en el gimnasio?

—Bueno, después de ir al parque fuimos al gimnasio para levantar pesas.

—¿Puedes ayudarme mientras levanto la barra?

—Sí, claro.

—Nos dimos cuenta allí también que tenemos que comenzar con pesas mucho más pequeñas. Al principio intentamos levantar demasiado. No pudimos. Cambiamos las pesas y después nos fue mucho mejor.

—¡Ajá! Entonces los dos necesitan ponerse en buena forma.

—Sí, los dos, pero ya tenemos un plan. Como dijo Jimena, vamos a ir a caminar en el parque tres veces por semana. También vamos a ir al gimnasio tres veces por semana, pero no vamos a levantar demasiado peso.

—Pues me parece excelente.

—Sí, a mí también. Es un programa de ejercicio muy razonable.

—Bueno, ¿qué les parece? ¿Entramos a la galería?

—Sí, vamos.

—Mira hay mucha gente, Cristóbal debe estar muy feliz.

—¿Dónde está tu hermano? No lo conozco.

—A ver, allí, está hablando con ese grupo.

—Hola.

—Cristóbal, éste es mi amigo Gustavo.

—Gracias, por venir, Gustavo. Le dije a Jimena que invitara a sus amigos.

—Cómo no, Cristóbal. Es una exhibición excelente. Me gusta mucho tu arte.

—Cristóbal éste es mi amigo Pedro, y mi amiga Carla.

—Mucho gusto.

—Igualmente.

—Mucho gusto.

—Igualmente.

—¿Cuánto tiempo hace que eres artista profesional?

—Pues muy poco. Ésta es mi primera exhibición oficial. Pero hace mucho tiempo que pinto.

—¿Me puedes explicar un poco más de tus cuadros?

—Claro, vamos.

—Vengan conmigo.

—Trabajo principalmente en colores pasteles. Como ves, me gustan los colores brillantes.

—Esto no es en Texas, ¿verdad?

—No, esto lo pinté en Nuevo México, Santa Fé.

—Y este paisaje me gusta mucho.

—Gracias, gracias.

—¿Y este cuadro?

—Ah, sí, este cuadro es de una iglesia de Nuevo México. Aquí intento capturar el efecto de la luz de la luna. Mira este edificio...

—Cristóbal, ven aquí un momento, el director quiere hablar contigo.

—Sí, ya voy. Bueno, te hablo más tarde.

—Encantado.

—¿Cómo te gustó la exhibición, Gustavo?

—Me encantó.

—Jimena, tu hermano es muy buena gente y buen artista también.

—Sí, nos llevamos muy bien, y todos esperamos que tenga mucho éxito con su arte en el futuro.

—Vengan, aquí hay uno que me gustó muchísimo.

Panorama cultural

Although schools in Spanish-speaking countries usually don't sponsor extensive sports programs, many students do take advantage of government-sponsored sports activities and neighborhood sports organizations. Here is what some students said they do to keep fit.

¿Qué haces para mantenerte en forma?

[Minerva] Hago ejercicio, como *aerobics*. Aparte de que me gusta, me siento saludable, me siento con energía. Además es importante porque no... te sientes bien con tu cuerpo y no te enfermas tan rápido y no... no te cansas.

[Alberto] Bueno, para mantenerme en forma juego fútbol, hago un poco de gimnasia, pero no mucho.

[Jeannette] Bueno para mantenerme en forma evito comer carnes rojas, eh... bastantes fibras, ensaladas.

[Eduardo] Voy al gimnasio, juego básquetbol y hago ejercicio, es casi todo lo que hago, casi todos los días voy a jugar básquetbol.

[Gretchen] Bueno, bailo —me gusta el baile— y lo hago como ejercicio para mantener mi forma y a la misma vez mi salud.

[Alberto] No, simplemente en un gimnasio hago una rutina diaria de ejercicio en base a un programa de ejercitación en máquinas, este... pesas. Es el fisicoculturismo más que otra cosa.

[Marina] Eh... no sé, el año pasado solía ir al gimnasio a hacer pesas y fierro.

[María Ester] ¿En forma? Hago mucho deporte, me fascina el voli y el atletismo. Es bueno para una, para mantener una buena imagen hacia los demás y para mí mismo.

[Yamilé] Una comida balanceada y un poco de ejercicio.

[José Antonio] Ejercicio cardiovasculares y ejercicios de elasticidad. La comida que creo que es mejor para la salud es la comida basada en carnes blancas y muchos vegetales.

[José Guillermo] Hacer deportes, trotar y hablar con mis amistades.

[Thalia] Bueno, yo hago ejercicios, voy al gimnasio, eh... buena alimentación, bueno por la salud, más que todo por la salud. Mantenernos en forma es la salud.

Videoclips

Cuidado con Paloma,
que me han dicho que es de goma.
Le gusta la cirugía.
Ha pasado tantas veces por quirófano
que no la conocía.
Me han dicho que ahora quiere
los mofletes de Bo Derek.
Le pusieron en un día
la nariz de Estefanía.
Quiere ponerse la vil,
las orejas de Lady Di.
¡Ay, Dr. Pitanguí!
Qué milagros que han hecho
los millones que te dí.
Cuidado con Paloma,
que me han dicho que es de goma.
Ha dejado para mayo,
lo de las patas de gallo.
Qué gozada de papada
¡Ay no se le nota na' de nada!
Tenía el ombligo
arrugado y como un higo,
y ahora cada día
lo cepilla y saca brillo.
Tengo miedo de darle un abrazo.
Yo creo que esta tía se me rompe en pedazos.
Cuidado con Paloma,
que me han dicho que es de goma.
Lentillas de colores,
bikini con hombreras.
Uñas de porcelana,
peluca de Sanlúcar.
Y ahora tiene antojo
de los labios de la mujer de rojo.
Cuidado con Paloma,
que me han dicho que es de goma.
Cuidado con Paloma,
Cuidado con Paloma...

CAPÍTULO 6
De visita en la ciudad

De antemano
En el restaurante

—¿Quién es la nueva mesera? ¿La conocen?
—No, no la conozco... ¿Saben dónde está Isabela?
—No sé, no la veo, ella trabaja los domingos, por lo general.
—Hola, buenas tardes, ¿ya saben qué van a pedir?
—Sí, pero perdón, comemos aquí con frecuencia y no te conocemos.
—Hoy es mi primer día, me llamo Marisa.
—Mucho gusto, Marisa.
—Mucho gusto.
—Hola.
—Gracias.
—Bueno, para mí los tacos vegetarianos.
—Enchiladas de mole, por favor.
—¿Saben? No quiero comida mexicana. La como todos los días en México. Por favor tráeme una hamburguesa con queso.
—¿Y tú?
—No sé, ¿qué me recomiendas, Pedro?
—Las enchiladas de mole.
—Éstas sí. Están muy ricas aquí. Enchiladas de mole para mí también.
—¡Ay!
—Entonces, Guadalupe, ¿ya conoces San Antonio un poco? ¿Te gusta? ¿Es muy diferente de México?
—Pues sí, es muy bonita y claro es diferente de México, aunque en este barrio hay mucha gente que habla español.
—Bueno, Pedro cuéntanos, ¿qué le enseñaste a tu prima? ¿Fueron al centro? ¿Qué hicieron?
—Bueno, el sábado por la mañana nos levantamos como a las ocho y tomamos el autobús al centro. Primero, paseamos por todo el centro. Fuimos a las calles Main y Commerce. Después vimos la Misión San José... ¡Qué bonito está el día!
—Sí está bien bonito, las flores también. Son bien bonitas las flores. Todas de aquí. ¿Sabes en qué año fundaron esta misión? Fue en 1720 y dice que aquí vivieron unas trescientas personas. Fue la misión más grande de Texas.
—Perdonen...
—¿Sí?
—Pero, ¿saben ustedes cómo llegar a la oficina de turismo?
—Sí, cómo no. Está en la calle Álamo. Tiene que ir todo derecho por aquí. Es la segunda calle a la derecha.
—Muchas gracias.
—De nada... ¿Entramos, no?
—Muy bien, ¿quién pidió la hamburguesa?
—Yo la pedí.
—Y las enchiladas, las pidieron ustedes, ¿verdad?
—Sí.
—¿Y qué falta? Ya traje las enchiladas, la hamburguesa... ah... sí, los tacos vegetarianos. Un momento...

Capítulo 6 *cont.*

En el restaurante (a continuación)

—¡Qué lío! Y en mi primer día de trabajo.
—No te preocupes. Esas cosas pasan. ¡Pobre Marisa! Ojalá le vaya mejor mañana.
—Oigan, quiero saber un poco más de ese tour de San Antonio. Por ejemplo, ¿fueron al Paseo del Río? ¿comieron al lado del río? ¿montaron en lancha? ¿conocieron el Instituto de Culturas Texanas? ¿subieron a la Torre de las Américas? ¿vieron el Álamo?
—Despacio, despacio. Sólo pasamos un día viendo la ciudad, pero lo que más me gustó...
—¿Está todo?
—Sí, muchísimas gracias.
—Bueno, sigue Lupe, ¿qué es lo que más te gustó?
—Subir la Torre de las Américas. La vista es increíble. Desde allí vimos todo San Antonio. Vimos el Álamo, todo el centro de la ciudad, el Paseo del Río, todo. Nos quedamos allá por lo menos media hora. Y después de subir la torre fuimos a la Villita. Es como estar en un pueblo mexicano, ¿no?
—Sí, por fuera se parece mucho a un pueblo mexicano, hay casitas, una iglesia, plazas.
—Mira, Pedro, hay una tienda de cosas texanas. Quiero comprar algo típico de Texas para mi familia, ¿entramos?
—Por supuesto, Lupe.
—*Hello.*
—*Hi.*
—*May I help you?*
—¿Habla usted español?
—Sí, cómo no. Nací en la frontera, muy cerca de El Paso.
—Perfecto, mi amiga busca un regalo, algo típico de Texas para llevar a México.
—¡Tienen suerte! Lo único que tenemos son cosas de Texas. ¿Piensan en algo especial?
—No, no tengo ninguna idea de lo que busco, pero estoy segura que voy a encontrar algo. Gracias.
—¿Qué piensas de esas botas?
—Mis padres ya tienen botas texanas.
—¿Tal vez un sombrero?
—No me digas... ya tienen sombreros, ¿no? Si me dices que ya tienen mermelada de jalapeño, regreso a casa.
—¿Qué es mermelada de jalapeño?
—Es una mermelada que se prepara con chiles jalapeños. Claro, está un poco picante.
—¿Una mermelada picante?
—Sí, una mermelada picante. Ven aquí. Tienen mermeladas para probar.
—¡Qué cosa! Una mermelada picante... Bueno, a mi familia le gustan las mermeladas y también la comida picante. ¿Por qué no una mermelada picante? Mmm... dos jarras de mermelada de jalapeño, por favor. Mmm... sabroso, ¿no?

—Gracias. Todo estuvo delicioso.
—Gracias.
—Bueno, parece que ustedes la pasaron muy bien ayer, ¿no?
—Sí.
—Ahora le debes un tour a Pedro de la Ciudad de México.
—Sí, Pedro, ¿cuándo vas a venir a mi ciudad? Hay muchísimo que ver y a mi mamá le gustaría mucho verte.
—No sé, tal vez el próximo año.
—¡Melisa!
—Por poco otro baño, ¿no?
—Por poco.

Panorama cultural

*Public transportation is highly developed in most Spanish-speaking countries, with taxis, shared cars or minivans, known as **colectivos**, buses, and subway systems, or metros. And, like residents of New York City and San Francisco, people walk a lot! Here is how some students get to school.*

¿Cómo llegas al colegio?

[Perla] Al colegio llegamos caminando o en combi, que normalmente aquí en Taxco les decimos "burritas", las "burras", porque las subidas de Taxco, las calles, al subir se detienen y... hacen así como los burros, por eso les llamamos burritas.

[Mario] Bueno, cuando me toca por las mañanas yo me voy con un compañero en carro del papá, en veces me voy en bus, y en veces me voy a pie.

[Eliseo] Eh... yo uso el *trolley* y bus porque a veces no tiene tiempo mis papás para que me vengan a dejar aquí a la escuela y tengo que venirme en el bus y el bus es más rápido a veces que el *trolley* porque el *trolley* pasa cada 15 minutos y el bus, puedo agarrar cualquiera.

[Yolanda] Al colegio llego en el camión.

[Lara] Eh... voy caminando porque vivo cerca.

[Patricia] En bus, sí, es mejor, me gusta viajar en bus.

[Omar] Ah... caminando o a veces me trae mi mamá en el auto.

[Viviana] En microbús porque es que... de donde yo vivo al colegio es muy largo. Entonces nos vamos en microbús.

SCRIPTS

Capítulo 6 *cont.*

[Carlos] Nosotros usamos el colectivo y los taxis también. Eh... bueno, los colectivos los usamos porque son más baratos y los taxis, eh.. bueno, son un poco más caros pero vamos más cómodos porque es un auto que te lleva.

[Minerva] Me transporto en el bus... es bueno para mí es... porque ya sé el horario que pasa y tiene sus horarios fijos, además tiene aire acondicionado así no me estoy muriendo de calor.

Videoclips

Alcaldía de Medellín
Los problemas de Medellín también son sus problemas. Por eso denuncie, opine, participe, y llame ya al nueve, ochocientos, cuarenta y dos, ciento once. La línea de las soluciones. Y comprométase con Medellín. ¡Medellín para todos! Alcaldía de Medellín.

El restaurante Mira Melinda
El restaurante Mira Melinda queda escondido en la ladera de una de las montañas que componen la Sierra de la Cayey. Desde este punto de ventaja los clientes de Mira Melinda pueden disfrutar de una impresionante vista mientras escogen del menú criollo. El restaurante en sí, y el bosque que lo rodea, tiene una historia que comenzó en el 1968, forjada con los sueños y esfuerzos de la familia de Carmén Batillo de González. El menú criollo de Mira Melinda corre la gama desde mariscos hasta guinea, conejo y carnes. Entre las especialidades que salen de la cocina de Miguel y María Rivera: el conejo al ajillo, la guinea en escabeche, el arroz mamposteado y la pechuga Mira Melinda.

LOCATION OPENER:
El Caribe

Hola, ¿qué tal? Me llamo Rogelio. Soy de Ponce, Puerto Rico. Puerto Rico es una isla maravillosa, pues tiene de todo: playas, bosques, ciudades y sobre todo pueblos maravillosos. Este sitio es fantástico, ¿verdad? Pues, hay mucho más que ver. ¡Ven conmigo!

El Caribe. ¿Qué hace de esta región un lugar tan especial?

¿Serán sus playas blancas y sus aguas cristalinas?

¿Serán sus montañas verdes, sus bosques tropicales?

Desde que Cristóbal Colón llegó a lo que hoy es la República Dominicana, los españoles, africanos, ingleses, franceses y holandeses han poblado el Caribe y han contribuido a formar su rica cultura.

Las islas hispanas del Caribe —Cuba, la República Dominicana y Puerto Rico— atraen a millones de turistas que disfrutan de los deportes acuáticos.

Visitan el impresionante Castillo del Morro en San Juan de Puerto Rico o el museo del famoso chelista Pablo Casals o el magnífico bosque tropical conocido como El Yunque y la ciudad de Ponce, donde se encuentra un excelente museo de arte y el pintoresco Parque de Bombas.

¡Sin duda alguna, el Caribe tiene mucho que ofrecer!

CAPÍTULO 7
¿Conoces bien tu pasado?

De antemano
En aquellos días

—¡Hola, tía Lucila!

—Hola, Rogelio. ¡Ay, vaya! ¿Ya son las nueve? Cómo vuela el tiempo, ¿verdad?

—Sí, ya son las nueve. Hola, tío Martín.

—Hola, Rogelio.

—Aquí también tengo una grabadora, ¿te parece bien?

—Mmm, hmm.

—Es que con la grabadora no tengo que escribir tanto.

—Sí, claro que está bien. Rogelio, explícame otra vez, ¿exactamente cómo es esta tarea que tienes que hacer?

—Bueno, como te dije, ésta es una tarea para mi clase de ciencias sociales. Estamos aprendiendo sobre la vida en Puerto Rico en los años 40 y tenemos que entrevistar a tres personas que vivían aquí en Ponce en esa época. Y luego voy a escribir mi reportaje.

—Ah, pues, bien. No sé qué contar. En aquellos días la vida era más sencilla que ahora.

—Sí, sí, eso está muy bien, pero quiero saber cómo era la familia. ¿Cómo eran tus amigos y qué hacían aquí en Ponce cuando tú eras un niño?

—Cuando Martín era un niño... ¡jo, muchacho! Para comenzar tu tío abuelo era muy travieso, ¡y los líos que hacía!

—¡Tú no estabas allí! Tú no sabes cómo era yo.

—Pues yo sí que sé, porque cuando tu mamá y yo hablábamos, hablábamos mucho de ti y ella me lo contaba todo.

—Bueno, Rogelio, ¿dónde comenzamos?

—Cuéntame, ¿cómo era la familia?

—¿Cómo era mi familia? Pues para comenzar nuestra familia era grande. Éramos ocho en casa: yo, mis tres hermanos, mis padres y mi abuela y mi abuelo, los padres de mi mamá. Vivíamos en una casa sencilla, pero vivíamos muy felices todos juntos. Mi mamá era tan buena como un ángel. Era una persona muy cariñosa. Siempre tenía tiempo para nosotros a pesar de trabajar mucho en la casa y en el jardín. Mi hermano Rogelio, sí, se llamaba Rogelio como tú, era mi mejor amigo. Él nació en 1927. Tenía dos años menos que yo. Era muy alto para su edad, más alto que yo y él y yo siempre competíamos, corríamos, luchábamos. A veces ganaba él y a veces ganaba yo.

—Tío Martín, ¿y qué le pasó a tu hermano Rogelio? Yo no tengo ningún tío abuelo Rogelio.

—Mi hermano Rogelio murió cuando tenía 23 años. Yo estaba muy triste por mucho tiempo, pero ahora tengo unos recuerdos de él que me hacen sentir feliz. Mi hermano era muy cómico. Contaba unos chistes que nos hacían reír hasta llorar.

—¿Y qué hacías con la familia? ¿Adónde iban?

—Mmm... hacíamos muchas cosas juntos. Todos los domingos después de misa, íbamos a la playa. Allí comíamos plátanos, arroz, habichuelas. ¡Ay!, cómo me encantaban esas comidas. Y después de comer, nadábamos o jugábamos en la arena y hablábamos, hablábamos mucho más que la gente hoy en día. Y como no había televisión nos divertíamos hablando y, ¿sabes Rogelio?, hablar era tan divertido como mirar televisión. Contábamos historias. Jugábamos juegos de palabras. Esas tardes en la playa, cómo las pasábamos de bien.

—Martín, cuéntale a Rogelio lo que pasó en la playa ese domingo de agosto de 1948.

—¿Un domingo de agosto de 1948? No me acuerdo.

—¡¿Cómo que no te acuerdas?!

—Ah... sí, sí... sí... ese domingo en agosto... pues era un día precioso. Hacía mucho sol y yo estaba solo. Estaba muy contento, si no recuerdo mal, pescaba. ¡Sí ,eso es! Pescaba, y en el agua había algo que no veía bien. Parecía una niña pero no se movía y yo... yo me lancé al agua para ayudar a la niña. Yo pensaba que era una niña que no sabía nadar.

—¿Y qué era? ¿Qué había en el agua? Tío Martín, por favor, ¡cuéntame!

—Bueno, Rogelio, te lo cuento...

En aquellos días
(a continuación)

—¿Y qué era? ¿Qué había en el agua? Tío Martín, por favor, ¡cuéntame!

—Bueno, Rogelio, te lo cuento... Era una muñeca, una muñeca, pero era una muñeca muy importante. Esa muñeca cambió mi vida.

—¿Cómo puede cambiar tu vida una muñeca?

—Porque a través de esa muñeca yo conocí a una persona muy especial. Conocí a tu tía abuela Lucila a través de esa muñeca. Estaba en la playa ese día con su hermanita y su hermanita perdió la muñeca en el agua. Lucila y yo comenzamos a hablar y yo me enamoré de ella.

—Y yo me enamoré de él y después él conoció a mi familia y luego yo conocí a su familia y después de unos años nos casamos, aquí mismo en Ponce.

—¡Es una historia muy linda! Oye, tío Martín, ¿puedo usar esta historia para mi reportaje?

—¡Claro que sí! ¿Tienes más preguntas?

—Sí. ¿Me puedes contar cómo era la ciudad de Ponce?

—Sí, por supuesto, pero, tengo una idea. Yo tengo que ir al mercado por unas cosas para el café. ¿Por qué no vamos juntos y mientras caminamos yo te explico cómo era la ciudad?

—Muy bien. ¿Puedo dejar mis cosas aquí? No necesito más que mi grabadora.

—Claro que sí.

—Bueno, Lucilita, ¿qué necesitamos?

—Pues, cebollas, habichuelas, más arroz y... ah... momento, yo tengo una lista.

—Bueno, pues gracias, tía Lucila, hasta luego.

—Vuelvo pronto, Lucila, adiós.

—Hasta luego, muchachos.

—Hasta luego.

—Esta plaza no era muy diferente cuando yo tenía dieciséis años como tú. Claro no había coches modernos ni autobuses modernos ni viajábamos tanto como la gente de hoy. Pero mira, los hombres jugaban al dominó cuando yo era niño, exactamente como hoy, y los niños, pues, nosotros, jugábamos al béisbol también.

—¡Rogelio! ¡Rogelio!

—¡Luis!

—Sí, soy yo, no me esperaban, ¿verdad? Pues aquí estoy, de visita.

—Tío Martín, ¿te acuerdas?

—Claro que me acuerdo, ¿cómo estás Luis?

—Pues bien, don Martín, ¿y usted?

—Pues, como ves, tan joven como siempre. Pero tú, Luis, ahora debes ser el más alto de tu familia, más alto que tu padre, ¿eh?

—Bueno casi, casi...

—Luis, pero, ¿qué haces aquí? No sabía que venías. ¿Cuándo llegaste?

—Bueno, llegué ayer. Es que mis padres querían venir de visita. ¿Sabes qué? Iba a tu casa cuando te vi. ¿Qué haces ahora?

—Voy ahora para el mercado con tío Martín.

—Anda, vete, podemos terminar la entrevista más tarde en la plaza.

—Pero, ¿no necesitas ayuda con las compras en el mercado?

—No, gracias, no soy tan viejo como crees, Rogelio. Desde hace muchos años voy de compras solo, pero gracias, nos vemos mañana.

—Entonces, ¿qué quieres hacer? ¿Quieres ir a mi casa?

—Bueno, Rogelio en realidad iba a tu casa porque quiero pedirte un favor.

—Pues, ¿qué es? Dime.

—Estoy preparando un regalo de cumpleaños para mi madre. Es un álbum de fotos de Ponce. Es que ella echa mucho de menos a Ponce y quiero sacar fotos de la ciudad y la gente para ponerlas en un álbum. ¿Me ayudas?

—¡Claro que sí!

—Pero es un secreto. No le puedes decir nada a mi madre.

—No, yo no le digo nada. Y, ¿dónde comenzamos?

—Bueno, en la casa dónde vivíamos.

—Perfecto, vamos.

—¿Y ellos eran vecinos de tu familia?

—Sí, ellos vivían al lado de nuestra casa, mi mamá y la señora eran muy amigas, pasaban mucho tiempo juntas.

—¿Y ahora adónde vamos?

—Vamos al mercado donde trabajaba mi mamá, vamos.

—Gracias, adiós.

—Adiós, gracias a ustedes, qué pasen buen día.

—Mi mamá trabajaba con ese señor y su esposa. Bueno, vamos. Quiero sacar fotos de Ponce. Vamos a la Plaza Central. Quiero unas fotos de la Catedral.

—Adiós, gracias.

—Adiós, gracias.

—Muchas gracias.

—¿Y qué más?

—Tengo una idea. ¿Por qué no sacas una foto de la calle Isabel? Es muy bonita.

—Excelente, vamos ahí.

—Vamos.

—¡Luis!

—Un momento, Rogelio.

—¡Luis!

—¿Qué?

—¡Mira! Mira allí, allí viene tu mamá.

—¡Ay!, no, vamos, rápido.

—Rogelio, ven, voy a sacar una foto de mi mamá.

—A tu mamá le va a gustar el regalo, ¿verdad?

—Creo que sí.

—¿Necesitas más fotos?

—Tal vez, unas más, pero hoy no.

—Entonces, ¿qué tal si vamos para la plaza ahora? Allí debería estar el tío Martín y podemos terminar la entrevista.

—Muy bien. Oye, Rogelio, muchas gracias.

—De nada, hombre, somos amigos, ¿verdad?

Panorama cultural

Here is what some people had to say about the statues and monuments of their region.

¿De quién es esta estatua?

[Guillermo] Este busto corresponde al licenciado León Fernández Bonilla. Él es el padre de la historia costarricense. Fue el primer historiador que investigó en archivos en Europa y en América la historia de Costa Rica. Fue también Ministro de Hacienda. Fue Diputado a la Asamblea Constituyente. Eh... fue embajador en España y en Francia defendiendo los derechos de Costa Rica en un referéndum limítrofe con Nicaragua y con Colombia.

[Annie] Sí, del compositor de danza Juan Morel Campos... porque él fue un gran compositor de danza y estamos en la ciudad de Ponce donde fue, este... donde se originó la danza puertorriqueña.

[María Eugenia] Este monumento es importante porque nos recuerda quiénes fueron las personas que nos libertaron en la lucha contra los españoles cuando queríamos independizarnos como nación. El más importante es nuestro libertador Simón Bolívar quien liberó, no solamente a Venezuela sino a cuatro países latinoamericanos más.

Capítulo 7 *cont.*

[Jorge] Esta estatua fue o es de un gran presidente que tuvo Costa Rica en 1856, el cual, eh... fue el que organizó los ejércitos para defendernos, tanto Nicaragua, Costa Rica, y algunos países de Centroamérica, de la invasión que querían hacer algunos norteamericanos a nuestro territorio nacional. Es considerado un héroe nacional, don Juan Mora. Don Juan Rafael Mora fue presidente en 1856, presidente de Costa Rica, y se... fue declarado como un héroe nacional. Gracias a él tenemos parte, en parte, nuestra gran democracia.

[Gabriela] Bueno, esta estatua es de San Martín y él fue importante porque fue nuestro libertador. Fue el libertador de Perú y de Chile. Cruzó los Andes en 1830 más o menos y no tiene muchos descendientes. Tiene, tuvo una hija que despúes tuvo una sola hija y murió, así que no, no tuvo descendientes. Es muy importante para nuestra cultura porque nos libertó.

Videoclips

¡Ay, cómo hemos cambiado!
¡Qué lejos ha quedado aquella amistad!
Así como el viento abandona todo al paso,
así con el tiempo todo es abandonado.
Cada beso que se da
alguien lo abandonará.
Así con los años, unidos a la distancia.
Fue así como tú y yo
perdimos la confianza.
Y cada paso que se dio,
algo más nos alejó.
Sí, lo mejor que conocimos
separó nuestros destinos
que nos vuelven a reunir.
Y tal vez que tú y yo queremos
volveremos a sentir
aquella vieja entrega.

¡Ay, cómo hemos cambiado!
¡Qué lejos ha quedado aquella amistad!
¿Qué nos ha pasado?
¿Cómo hemos olvidado aquella amistad?
Y así como siento ahora el hueco que has dejado,
quizá llegada la hora
vuelva a sentirte a mi lado.
¡Tantos sueños por cumplir!
Sueños por cumplir...
Alguno se ha de vivir.
Sí, lo mejor que conocimos
separó nuestros destinos
que nos vuelven a reunir.
Y tal vez que tú y yo queremos
volveremos a sentir
aquella vieja entrega.

¡Ay, cómo hemos cambiado!
¡Qué lejos ha quedado aquella amistad!
Di, ¿qué nos ha pasado?
¿Cómo hemos olvidado aquella amistad...?
¡Cómo hemos olvidado aquella amistad...!

CAPÍTULO 8
Diversiones

De antemano
Pasarlo bien en Ponce

—¡Fue un partido excelente!
—Sí, claro, excelente para ti, Martín. Ganaste como siempre.
—Pues, mañana es otro día. Bueno muchachos, me voy. Hasta mañana.
—Hasta luego.
—Luis, ¿cómo te va? Veo que todavía estás aquí. ¿Cuándo regresas a Nueva York?
—¡Ay!, regreso mañana por la mañana.
—¿Y tú, tío Martín? ¿Cómo te fue en el partido de dominó?
—Pues, gané. ¿Y aquí cómo van los partidos de damas?
—¡Ay!, yo no gané, yo perdí. Norma jugó muy bien.
—¡Ay! Luis tú también jugaste muy bien. Fue un buen partido, ¿no?
—No los vi a ustedes durante el fin de semana. Lucila dice que hicieron muchas cosas. ¿Qué tal lo pasaron?
—Lo pasamos de maravilla.
—Pues, cuéntenme, ¿qué hicieron?
—Bueno, el viernes salimos...
—Sí, fuimos al cine...
—Sí, y vimos una película buenísima...
—Después queríamos comer algo.
—Pero vimos unos amigos...
—Y nos invitaron a su casa y comimos algo ahí en su casa.
—El sábado...
—El sábado...
—Rogelio, déjame hablar. El sábado, como decía, fue el mejor día del fin de semana. El viernes me acosté tarde, por eso estaba muy cansado y dormí hasta las nueve y media. Me levanté y fui a la plaza. Norma sólo durmió hasta las nueve y ya nos esperaba en la plaza. Leía unas revistas.
—Ah, ¿cómo estás Luis?
—Hola, Norma.
—¿Sabes dónde está Rogelio?
—No lo sé. Debe estar en casa todavía.
—Bueno, ¿qué hacemos? ¿Damos una vuelta o esperamos a Rogelio?
—Bueno, esperamos un poquito más. Tal vez tenía que hacer algo en casa.

—¡Ay, Dios mío! No llega.
—¡Ay, míralo ahí!
—¿Cómo estás?
—¿Cómo estás, Rogelio?
—Bueno, yo esperaba estar aquí a las diez, pero primero tenía que lavar los platos, tenía que limpiar la cocina y también tenía que sacar la basura. Se me rompió la bolsa, ¡qué lío!
—Mira, pobrecito...
—Está bien, Rogelio, no te preocupes, bueno, vamos. Hace mucho tiempo que no paseo por los cerros de Ponce.
—Sí, vamos.
—¡Uuuu! Ya estaba cansado allá abajo pero ahora estoy casi muerto.
—Yo también.
—Sí, yo igual. Pero mira, casi se me olvidó. Ponce es la ciudad más bonita de Puerto Rico.
—Tengo una hambre... ¿Por qué no vamos al café de mi tío Martín para comer?
—¡Ay!, perfecto, bajamos. ¡A que yo llego primero!
—¡Ay!, riquísimo. La comida puertorriqueña es la comida más rica del mundo. Gracias, doña Lucila.
—¡Ay!, de nada. ¿Quieren postre?
—Sí, yo quiero un dulce de lechosa.
—Lo siento, se nos acabó. Esa señora que está allá pidió la última porción. Pero, ¿qué tal si les traigo un flan? Martín dice que está buenísimo hoy.
—Sí, seguro.
—Lo pasamos muy bien, ¿verdad? ¿Saben? En Nueva York ya no monto tanto en bicicleta, aquí montaba en bicicleta muchísimo. ¡Ay qué día más divertido!
—Sí, me parece que fue un día maravilloso.
—Ay, eso no es nada, hicimos mucho más después del café. ¿Quieres saber lo que hicimos? ¿Sigo?
—Claro que sí, cuéntame.

Pasarlo bien en Ponce (a continuación)

—Claro que sí. Cuéntame.
—Bueno, comimos tanto en el café, es que la comida estaba tan sabrosa. Después de comer no queríamos hacer nada, absolutamente nada.
—Bueno, ¿qué tienen ganas de hacer?
—¡Ay!, nada.
—Absolutamente nada.
—Tengo una idea, Luis. ¿Te acuerdas cuando vivías aquí? Jugábamos mucho a las damas. ¡Vamos! ¿Jugamos un ratito?
—Está bien.
—Sí.
—Yo con las rojas. Tú y yo primero y después Rogelio contra la ganadora.
—No, no, no. Rogelio contra el ganador.
—Y ahora Rogelio juega contra la ganadora.
—¡Ay!, lo sabía.

—Qué buen partido, ¿verdad? Bueno, ¿y ahora qué vamos a hacer?
—Bueno, tengo una idea. ¿Qué tal si patinamos sobre ruedas un rato? Podemos ir al muelle.
—Perfecto, son las tres. Nos vemos en el muelle. ¿A qué hora? A las cuatro.
—Sí, vamos.
—Sí, a las cuatro.
—¡Ay!, esto es maravilloso, ¿saben? En Nueva York los echo mucho de menos.
—Nosotros a ti, Luis, estar tan lejos de Nueva York.
—No es igual sin ti. ¡Qué bien la pasábamos los tres! ¿Verdad?
—Sí.
—¿Se acuerdan en la escuela las cosas que hacíamos? Los pobres profesores.
—Sí, éramos como los tres mosqueteros, andábamos juntos por todas partes, uno por todos y todos por uno.
—Ah, claro.
—Oye, ya son las cinco y media, ¿qué hacemos?
—Bueno, yo tengo que regresar a la casa.
—Yo también. ¿Y qué hacemos esta noche?
—Esta noche, ¡ah!... casi se me olvidó, esta noche mis abuelos nos dan una fiesta y ustedes tienen que venir. ¿Van a venir?
—Ah, por supuesto.
—Por supuesto.
—Oye, Luis, la fiesta anoche estuvo buenísima.
—La pasamos muy bien, pero... ¡uy! me acosté muy tarde.
—Sí, yo también estaba cansado esta mañana. Todavía estoy cansado.
—¿Por qué no nos bañamos en el agua? Te va a despertar.
—Perfecto, vamos, a que yo llego primero.
—Luis, dime la verdad, ¿te gusta Nueva York? ¿Y cómo es?
—Pues antes de salir de aquí pensaba que no me iba a gustar. No quería dejar a mis amigos aquí en Ponce y me preocupaba comenzar de nuevo en el colegio. Pero pronto conocí a mucha gente y ahora tengo muchos amigos y el colegio me gusta.
—¿Hay muchos puertorriqueños en tu colegio?
—Sí, hay muchos, pero también hay muchos que no son puertorriqueños.
—Los sándwiches estuvieron fantásticos.
—Sí, estuvieron muy ricos. ¿Eran de la fiesta de anoche?
—Sí, mis tías los prepararon ayer. ¿Me das uno Norma?
—Luis, lo siento. Norma y yo nos comimos los últimos dos.
—¡Aaaah!
—Luis, ¿qué haces?
—Quiero sacar una foto de todos. Ponte al lado de Norma, chhh...
—Cinco, cuatro, tres, dos... ¡Norma!
—Y eso, tío, es como pasamos el fin de semana. No está mal, ¿verdad?

Capítulo 8 *cont.*

—¿Sabes algo, Luis? Tú debes venir de visita más, mucho más y en tu próxima visita, yo los acompaño en sus aventuras. Pero sólo al café, no tengo tanta energía como ustedes.

—Y ahora, ¿qué tal si yo juego el próximo partido de damas? ¿Contra quién voy a jugar? ¿Quién gana aquí?

—Yo.

—Yo.

—Y todos los partidos que te gané...

Panorama cultural

Festivals provide an opportunity to socialize, maintain traditions, and strengthen community spirit. These Spanish speakers told us about their favorite festivals.

¿Cuáles son las fiestas más importantes de tu ciudad o país?

[Juan René] La Fiesta de la Fundación de Quito... es el cinco de diciembre y se hacen desfiles por las calles y fiestas en todas las calles, en los barrios con toda la gente. Comidas especiales no mucho, pero la música se oye más toda la música de aquí del Ecuador, la música propia de acá.

[Jaime] Ésta... la fiesta de la Calle Ocho es una fiesta para los hispanos y para los cubanos que vienen de Cuba, para la libertad, celebrar la libertad de Cuba.

[Daniel] Hay una fiesta muy bonita que es la Virgen del Castillo que está en una montaña. Encima de una montaña, y se sube allí con los coches, antiguamente se subía en mula o en caballo. Se lleva comida, el cerdo, el cordero, el pollo... gaseosa, de todo. Y se forma allí una fiesta, llevan guitarras, bandurrias, saxofones, trompetas, y tocan y bailan. Allí hay un gran salón donde se hace el baile y luego entremedio de la montaña, en algún llano que hay, pues se hacen los bailes, y por la tarde se baja la Virgen del Castillo al pueblo, que es una virgen que hay en una ermita. Está en lo alto de una montaña, encima de la cresta de una montaña, toda roca.

[Emily] Sí, la patrona del estado de Trujillo es la Virgen de la Paz, entonces en mi pueblo, que se llama Monaes, ellos son devotos de esta virgen, porque cada población tiene un santo, ¿ok? Ajá. Entonces en enero se celebra la fiesta de la Virgen de la Paz. Es todo el mes. Sí, hay desfile, hay de todo. Se reúnen este... todos los chicos en la plaza, a ellos se les habilita un carrusel. Eligen su reina ellos mismos. Este... gozan durante todo un mes, básicamente. Y después se preparan para la fiesta del pueblo vecino.

[Álvaro] Indiscutiblemente una de las fiestas importantes de Costa Rica es el 11 de abril en el cual celebramos la conmemoración de la batalla de Rivas en Nicaragua en el cual exaltamos el nombre y la figura de nuestro máximo héroe llamado Juan Santamaría. Se celebra sobre todo en los centros educativos, en las escuelas y colegios, en donde los niños y jóvenes, por medio de una asamblea, exaltan la figura de nuestro héroe y además de eso, en la ciudad de Alajuela, hay una concentración de estudiantes donde llegan los... máximas personalidades del país, encabezadas por el señor Presidente de la República y luego los colegios hacen un desfile en la ciudad.

[Gloriela] Aquí en San Antonio las fiestas más importantes son el cuatro de julio, el Año Nuevo y Navidad, y el Cinco de Mayo. El Cinco de Mayo celebramos con mi familia, nos hace mi abuelita tamales y hablamos y hacemos como una fiesta en la casa.

[Damaris] Aquí en Ponce las fiestas más importantes son las fiestas patronales y las fiestas del carnaval. Pues las fiestas patronales son en diciembre y el Carnaval es en febrero.

[María Luisa] El Día de la Fundación, que es por diciembre. Hay unas corridas de toros, una semana de corridas de toros y... se quedan, en las noches. Se van a comer y ahí se quedan pareando.

Videoclips

En la inauguración de los Sanfermines, todos los años el alcalde de Pamplona repite el ritual de lanzar el llamado chupinazo desde los balcones del ayuntamiento. Las más variadas actividades y diversiones comienzan a partir de ese momento simultáneamente en todo el casco antiguo de la ciudad; con danzas típicas, competiciones de cortadores de troncos, levantamiento de pesadas piedras y unos gigantescos muñecos que se pasean por doquier al son de bandas de música organizadas por las peñas y nutridos grupos de jóvenes que durante meses preparan las actividades que desarrollarán durante esta semana anual de jolgorio.

¡Hola! Me llamo Adriana. Y yo soy Rafael. Somos del Ecuador. Ecuador es un país muy bello. Tiene montañas, playas y selva. Ahora estamos en la Provincia de Cañar. ¿Quieres ver más del Ecuador? Bueno, ¡ven con nosotros!

Los Andes corren desde el occidente de Venezuela hasta el sur de Chile. Aquí uno se siente más cerca del sol.

A doce mil pies de altura, La Paz, Bolivia, es la capital más alta del mundo.

También se encuentra el lago navegable más alto del mundo, el lago Titicaca, entre Perú y Bolivia.

En esta región viven varias comunidades indígenas importantes, entre ellos los quechuas y los aimaras. Los aimaras, una comunidad indígena más antigua que la inca, vive de la llama y de la papa, un alimento nativo de los Andes.

Los Andes es una región de profunda belleza. Desde Quito, por ejemplo, se puede ver el Pichincha cubierto de nieve. Quito es la capital del Ecuador y una ciudad que guarda bien su pasado.

Otra bella ciudad ecuatoriana es Cuenca. La construcción de sus edificios y sus iglesias refleja su herencia española.

Los Andes es una región llena de contrastes, donde lo nuevo y lo antiguo se entrelazan.

CAPÍTULO 9
¡Día de mercado!

De antemano
Un misterio en Cuenca

—El primer día que pasamos en Cuenca estuvo muy interesante. Mientras tía Carolina trabajaba en la excavación, Rafael y yo explorábamos la ciudad y mirábamos las vitrinas. Primero fuimos al Parque Central y después, ¡pasó algo increíble!

—Mira, desaparecieron piezas de arte del museo donde trabaja tía Carolina.

—¡Ay!, ¡qué lástima!

—Me da El Comercio, por favor.

—¿Entramos?

—¡Ay!, no sé, esta tienda no tiene tantas chompas como la otra.

—Pero, mira, aquí son más baratas.

—Buenos días.

—Buenos días.

—¿En qué les puedo atender?

—Quisiéramos ver unas chompas de lana, por favor.

—Por aquí, vengan.

—¿De qué talla?

—Eh... no sé.

—No, ésa le va a quedar pequeña, un momento... pruébese ésta, es talla cuarenta.

—Gracias, ¿me puede decir dónde está el probador?

—Cómo no... al fondo a la derecha.

—Me gusta, pero me queda un poco grande.

—No, Rafa, no estoy de acuerdo. Llévatela, así está de moda.

—¿Se la quiere llevar?

—No sé, ¿por qué no volvemos más tarde, Adriana? Muchas gracias.

—De nada.

—Ahora vuelvo.

—¿Puede decirnos cómo se llega al mercado de artesanías?

—Claro que sí, al salir de esta tienda doblen a la derecha, caminen dos cuadras, en esa esquina doblen a la izquierda y sigan recto. El mercado está allá a media cuadra.

—Gracias, hasta luego.

—Hasta luego.

—Mientras íbamos para el mercado, hablábamos de tía Carolina. Queríamos comprarle un regalo mientras estábamos en Cuenca. Mira, Rafael, ¿te gusta este sombrero? A tía Carolina le hace falta uno. Está todo el día bajo el sol. ¿Se lo compramos?

—No sé, ¿por qué no miramos un poco más? ¡Ay!, no tengo la bolsa. ¡Mira, Adriana, es la pieza del museo!

Holt Spanish 2 ¡Ven conmigo!

Capítulo 9 *cont.*

Un misterio en Cuenca (a continuación)

—Es la pieza robada.
—¡Chuza! ¡Qué lío! Tenemos una pieza robada.
—¿Por qué no la llevamos al museo o a la policía?
—Sí, a la policía.
—Disculpe, ¿cómo se llega a...?
—Rafael, ¡el ladrón! Corramos, ¡y rápido! Rafael, tenemos que hacer algo, el ladrón nos va a encontrar si vamos para la policía.
—Tengo una idea, ¿por qué no vamos a la excavación y se lo damos a tía Carolina? Ella puede ir a la policía. El ladrón no la conoce.
—¡Perfecto! Y la parada de buses no queda lejos, ¡vamos!
—Hoy nos encontramos en las ruinas de Ingapirca, uno de los tesoros arqueológicos más importantes del Ecuador. Esta región del Ecuador la habitaban los indígenas cañaris. Los cañaris tenían un sistema de gobierno muy desarrollado y eran grandes artesanos de la textilería y la platería. Los incas conquistaron la región de los cañaris hace 500 años y les impusieron su sistema de gobierno. Fue en esta época que construyeron el centro ceremonial de Ingapirca. El imperio de los incas se extendió desde lo que hoy es Colombia hasta lo que hoy es Chile y Argentina antes de la llegada de los conquistadores españoles. Sabemos que los incas cultivaron maíz y una gran variedad de papas y que domesticaron la vicuña y la llama por su carne y lana. Mantuvieron una sociedad muy organizada y sistemática. No tenían idioma escrito, pero preservaron su historia e hicieron cálculos matemáticos en un instrumento hecho de cuerdas y nudos, llamado *quipu*. ¡Rafael! ¡Adriana!
—Con permiso.
—Disculpa, tía.
—Perdona la interrupción, pero tenemos un problema muy serio.
—Ya vamos terminando. Denme un momentito. Gracias por su atención. Vamos a continuar con el recorrido en cinco minutos. Pueden sentarse allí para descansar un momento. Bueno, chicos, ¿cuál es el problema?
—Estábamos mirando unos sombreros.
—Teníamos una bolsa exactamente como ésta.
—El ladrón salió con nuestra bolsa.
—La pieza estaba en la bolsa del ladrón.
—Es la misma pieza que muestra el periódico.
—Abrí la bolsa.
—Y encontramos la pieza y después el ladrón nos vio.
—Queríamos ir a la policía, pero el ladrón nos persiguió.
—Corrimos y corrimos y por fin decidimos venir aquí.
—Sí, así fue, exactamente así.

—Bueno, muéstrenme la pieza, por favor. ¡Qué interesante! Aquí hay una inscripción que dice...
—¿Qué dice?
—Cuéntanos.
—La inscripción dice "Hecho en Ecuador". Es una reproducción.
—¿Una reproducción?
—Bueno, hay una gran semejanza. Es un error muy fácil de cometer.
—Entonces, el señor... nosotros tenemos su bolsa... y él tiene la nuestra.
—No quería hacernos nada. Sólo quería su bolsa. ¿Y qué hacemos ahora?
—Miren, vayan a la policía y explíquenles lo que pasó. Si el señor quiere su bolsa va a ir también y así se arregla.
—Sí, tienes razón. Vamos, tengo que volver con mis estudiantes. ¿Quieren escuchar también?
—Claro.

Panorama cultural

In this chapter, we asked some people where they usually go to buy their food and groceries.

¿Dónde compras tu comida?

[Ricardo] Para comprar verduras y frutas frescas vengo al mercado de Heredia. Para comprar comida en lata y otras cosas de ese tipo voy al supermercado. Aquí compré un aguacate, compré naranjas, limones, limones dulces. Ésta es una fruta que sólo hay en Costa Rica, es limón dulce. Compré una papaya y un tomate.

[Delany] Para comprar frutas y verduras se va a supermercados grandes como la Central Madeirense... En un mercado al aire libre se compra más que todo productos como cartones de leche, de jugo, huevos, cosas sencillas.

[Mariana] Mira, normalmente a los supermercados, porque además tienen sistemas de entrega a domicilio y demás. Pero tal vez la gente mayor va a los mercados donde hay más variedad, mejores precios... y bueno, se lo cargan ellos. Yo viviendo sola voy al mercado que me lo traen porque si no, no puedo cargar tantas botellas y demás. Y me es mucho más rápido. Pero hay de todo, ¿eh? Hay una gran proliferación de supermercados. Pero mercados también hay al aire libre donde se pueden conseguir verduras, frutas y cosas antiguas... los hay.

SCRIPTS

Capítulo 9 *cont.*

[Mercedes] A los hipermercados, porque hay más cosas. Hay más variedad.

[German] Siempre voy al mercado, ¿eh? Porque es más barato.

[Ana] Nosotros vamos al Mercado Central a comprar la verdura porque nos sale más cómodo, más barato, ¿verdad? Al aire libre compramos todo lo que son frutas, porque están al aire libre. También compramos carne, como decir, venden pollo, este... el pollo lo venden al aire libre, también compramos eso, y las verduras.

[Alfonso] Al mercado, vamos al mercado más próximo, se conocen aquí como tianguis. Se compra verdura, eh... también comida, carne, o sea venden de todo, se encuentra de todo allí.

Videoclips

Esta primavera te vas a enamorar de su personalidad, de sus detalles, de su frescura. Te vas a enamorar de su estilo y de su desenfado y de sus formas. De su elegancia. Deja enamorarte. El Corte Inglés, la moda que quieres.

CAPÍTULO 10
¡Cuéntame!

De antemano
Pacha y sus hijos

—¡Qué noche más bonita! Todo está perfecto: la fogata, la brisa, la naturaleza. Me encanta la finca de tía Carolina. ¿Puedes oír los animales, Rafa?

—¡Es maravilloso! Oye, Adriana, tía Carolina va a regresar pronto. Ven, ¿qué tal si mañana por la mañana, antes de montar a caballo, tú y yo ayudamos con las labores de la finca? ¡Imagínate la sorpresa si tía Carolina se levanta y lo encuentra todo hecho!

—Es buena idea. Pero Rafa... ¿qué sabes tú de gallinas? ¿Y sabes ordeñar una vaca?

—No te preocupes, Adriana. No puede ser tan difícil ¡Chhtt! Allí viene ella.

—Hola.

—Hola.

—Tengo algo que mostrarles. Es un libro. Pero es un libro muy especial. Mi abuelo me dio este libro. Él lo dibujó y me lo regaló cuando tenía 15 años, igual que tú, Adriana.

—¿Qué tipo de libro es?

—Bueno, es un libro ilustrado que cuenta unas leyendas muy antiguas del Ecuador. Una de las leyendas se llama "Pacha y sus hijos". ¿La conocen? Es una leyenda de los indígenas que vivían en esta región antes de llegar los europeos. ¿Se la cuento?

—Sí, ¡por favor!

—Muy bien, entonces. Hace miles de años, vivía en el Ecuador Pacha con sus tres hijos y las esposas de ellos. Pacha era un gran guerrero, orgulloso de sus victorias. Un día en que había mucha niebla, Pacha y sus hijos caminaban por la selva cuando vieron una enorme serpiente. Los hombres la atacaron y lucharon ferozmente pero sólo pudieron herir a la serpiente, que abrió la boca y empezó a vomitar agua. El agua no dejaba de subir, entonces Pacha, sus hijos y las esposas de ellos fueron a la cumbre del Pichincha, que era el único lugar adonde el agua no llegaba. Los días pasaban, Pacha y sus hijos, solos en la montaña con hambre y frío, estaban tan tristes que ya no se hablaban. Una tarde, Pacha vio un cuervo con una rama en el pico. Pacha comprendió la señal. En silencio, comenzó a bajar y todos lo siguieron. Así fue que llegaron adonde hoy está la ciudad de Quito. A Pacha le gustó ese lugar y pensó hacer una gran casa para todos. Pero cuando trató de contar su idea, nadie lo comprendía, ya que después de tanto tiempo todos sus hijos hablaban de forma diferente. Pacha quedó muy triste y sus hijos y las esposas de ellos se fueron, pero no se fueron muy lejos. A ellos también les gustó el lugar y construyeron sus casas cerca. Allí nacieron los descendientes de los hijos de Pacha que aprendieron los idiomas de sus padres. De esta manera dieron origen a los diferentes idiomas indígenas que se hablaban en el Ecuador cuando llegaron los europeos.

—¡Es una leyenda chévere! ¿Y tu abuelo pintó los dibujos? Son muy buenos.

—Sí, era muy buen artista mi abuelo. ¿Quieren oír cómo era él y cómo era la vida en el Ecuador cuando él era niño?

—¡Sí!

—Entonces, les cuento. Mi abuelo nació en el año 1897, en un pueblo pequeño de los Andes rodeado de montañas. Las montañas estaban cubiertas de nieve y casi siempre bajaba de las cumbres un viento frío.

Pacha y sus hijos (a continuación)

—Mi abuelo nació en el año 1897, en un pueblo pequeño de los Andes rodeado de montañas. Las montañas estaban cubiertas de nieve y casi siempre bajaba de las cumbres un viento frío. Mis bisabuelos eran campesinos y tenían una pequeña finca no muy lejos de aquí, mi abuelo y sus hermanos y hermanas... eran cinco hijos en total... trabajaban en la finca, daban de comer a las gallinas, recogían huevos, ordeñaban la vaca y trabajaban en el jardín. Bueno, chicos, ya se está haciendo tarde, veo que estás cansado, Rafa. ¿Qué tal si continuamos mañana con la historia de mi abuelo?

—Sí, estoy cansada también.

—¿Y qué planes tienen para mañana?

—Bueno, no sé... dormir hasta tarde... tal vez montar a caballo.

—Y vamos a... eh... descansar.

—¿Cuánto les damos de comer?

—Ay, no sé. Ayer tía Carolina simplemente les puso la comida acá en la tierra. Pero Rafa, no sé si esto es buena idea.

—Ay, Adriana, qué aguada que eres. Pero ven, ayúdame.

—Eso debe ser suficiente. Rafa, tienes razón. No es difícil. Bueno, ahora la vaca. Allá nos vemos.

—Mmm. Así no. Déjame a mí.

—No sale.

—Que no estabas hecho el experto. Ay, vaquita... ¡Así es!

—¡Quita, quita! No sabía que ordeñar era tan difícil. Pero mira, creo que ya está. ¿Vamos?

—Sí, vamos.

—¡Rafael! ¡La leche!

—¡Adriana! ¡Mira lo que hiciste!

—¿Lo que yo hice? ¡Tú lo hiciste!

—No es mi culpa. ¡Es tu culpa!

—No, yo no soy la torpe. ¡Tú lo hiciste!

—No, no, no, no, no....

—¿Y qué pasa aquí? ¿Por qué están gritando? Ah, ya veo, ¿pero qué hacían?

—Es que queríamos ayudar con las labores, pero tuvimos un accidente. Discúlpanos, tía Carolina.

—Eso lo explica todo.

—¡Pero sí les dimos de comer a las gallinas!

—Ah, vengan a ver algo.

—Bueno, supongo que han tenido buena intención, pero mejor que arreglen.

—Pero tú, no.

—Yo no hice esto, tú tienes que barrer.

—No.

—Barre, barre.

—Vengan, muchachos. No se preocupen. Querían ayudar. La intención fue buena, pero la próxima vez, pregúntenme primero y yo les explico qué hacer. ¿No dijeron que iban a montar a caballo?

—Sí.

—Pues vamos. Yo los acompaño. Gracias, don Osvaldo.

—De nada.

—Tía Carolina, eres fantástica, pero la verdad, no sé mucho de caballos. ¿Cómo monto?

—Verás. Aquí pones el pie. Acá agarras la copa. ¡Eso!

—Tía Carolina, ¿nos puedes contar más sobre tu abuelo?

—Claro que sí. ¿Qué quieren saber?

—¿Qué hacían los niños cuando tu abuelo era joven?

—¿Asistían a la escuela?

—Sí, pero no como ustedes hoy en día. Ahora todos los niños van a la escuela y la mayoría recibe un diploma de secundaria. En aquel entonces, muchos niños no estudiaban más de cinco o seis años. Para mi abuelo, aprender de la naturaleza, de la tierra, era más importante que aprender matemáticas. Él aprendió en qué mes se sembraban qué plantas. Aprendió a reconocer enfermedades de sus animales. Aprendió cómo se construía un corral. Aprendió qué significaba un cielo con cierto tipo de nube. Mi abuelo era un hombre muy sabio en esas cosas.

—¿Y dónde aprendió a pintar? Los dibujos en el libro son muy buenos.

—Pues, aún de niño, según nos decía mi abuela, mi abuelo tenía mucho talento. Lo que más le gustaba pintar era el paisaje andino: las montañas, las plantas, las llamas, las pequeñas fincas y los campesinos trabajando.

—¿Y cuándo pintó los dibujos de las leyendas?

—No estoy segura, pero sé que escuchó la leyenda de Pacha y sus hijos de una familia quechua que vivía cerca. Le gustó la leyenda y quiso hacer su propia versión con dibujos. Fue la primera leyenda que ilustró.

—¿Y hay más leyendas en el libro, verdad?

—Sí, hay algunas más, ¿quieren oírlas? Muy bien, ¿qué les parece si vamos a la casa, preparamos el almuerzo y luego les enseño otra leyenda? ¿Está bien?

—¡Perfecto!

—¡Vamos!

Panorama cultural

Telling stories is an age-old way to pass on traditions and entertain at the same time. Here are two stories you'll find interesting.

¿Te sabes un cuento?

[José] Pues, se llama las Momias de Guanajuato y este... Existió hace... hace como 200 años. Que dicen que era un luchador, que era... era campeón, que nadie le podía ganar, pero que una vez hubo un luchador que lo retó y que este luchador le quitó el campeonato y que cuando se lo quitó, el otro luchador prometió que cuando él muriera a los 100 años iba a regresar y entonces cuando él regresó los demás luchadores y personas que vivieron en su tiempo se convirtieron en momias.

SCRIPTS

[María Teresa y Alonso] Bueno, este... se supone que Quetzalcóatl era una persona eh... alta, blanca, barbada, que venía del otro lado del mar, totalmente diferente al... al pueblo, a la persona, al físico de los pobladores, que les este... ayudó en su construcción, en su construcción del lugar donde necesitaban venir, de su casa, en su cultura, y prometió regresar, regresar después y él se fue otra vez por donde vino, y de allí se cree que cuando llegó Hernán Cortés se lo confundieron con Quetzalcóatl porque era igual, completamente diferente físicamente. Para ellos, fue un dios, el cual lo representan en las estelas, en cualquier zona arqueológica, se representa como una serpiente emplumada. Con respecto a este... para qué sirven todas esas tradiciones antiguas, eso le da una personalidad al pueblo mexicano, es una... todas las tradiciones, todas las leyendas, toda la cultura antigua, nos da una fuerza, nos da una identidad como pueblo.

[Marta] La que más me acuerdo es la leyenda del Dorado. Dicen que es... el Dorado es la laguna del Dorado en Bogotá, y dicen que los indios se cubrían el cuerpo de puro oro y se bañaban en la laguna del Dorado y se supone que todavía existe bastante oro en el fondo de la laguna, pero nadie lo ha encontrado todavía.

[Hansel] Bueno, aquí tenemos una leyenda que se trata de la Cegua. La Cegua es una mujer que se convierte en caballo. Se supone que es de los hombres que andan solos y que han tomado mucho y entonces allí topan a una mujer. La mujer es muy bella y se va con ellos. Van caminando por un... por un camino, cual sea, y cuando la vuelven a ver es un caballo.

[Beatriz] Bueno, de Galicia, sí, porque mi mamá es de España, es de Galicia y en esa región, hay una leyenda de... de una cueva encantada. Había una vez una cueva en una montaña, al lado del mar y en esa cueva vivía una doncella o una señorita que estaba encantada, es decir, estaba hechizada y entonces... ah... estaba allí viviendo, era una doncella muy bonita... ah... pelo largo, rubio, muy blanca, pero la pobre no podía ver a nadie y nadie la podía ver tampoco. Estaba aislada y entonces, sólo, solamente por unos segundos por la mañana, se la veía, ah... y la veías, pues estaba peinándose el pelo, pero muchos hombres, sobre todo muchos pescadores trataban de desencantarla o de llevarla, pero nunca pudieron.

Videoclips

Noticias: frío y calor
Tanto el frío como el calor han provocado situaciones difíciles. La ola de frío en Europa fue la peor de los últimos 20 años. La ola de calor del mes de julio produjo numerosas muertes en países mediterráneos. La naturaleza también tenía reservados otros desastres para la humanidad. Bangladesh sufrió las peores inundaciones de cuantas se recuerdan. En nuestro país también se produjeron inundaciones. La zona más afectada volvió a ser el Levante. Las comarcas de Alcira, Orihuela y Murcia volvieron a padecer los efectos de las lluvias y las riadas cuando sus habitantes no se habían recuperado aun de desastres anteriores.

Expansión
Acción, expansión.
Acción, expansión.
Acción, expansión.
Expansión entra en acción. El equipo de la actualidad económica lanza ahora un diario. *Expansión* para seguir a diario la actualidad económica. Entre en acción, lea *Expansión*.

LOCATION OPENER:
California

¡Hola! Me llamo Takashi Okada y estoy de vacaciones aquí en San Diego, California. San Diego me encanta. Hay mucho que hacer. Desde aquí vemos toda la ciudad. ¿Quieres ver más? Muy bien. ¡Ven conmigo!

California, el estado dorado, resplandece como el oro en el sol pacífico.

Durante el siglo dieciocho, los misioneros españoles fundaron una cadena de misiones de San Diego a San Francisco. Podían ir a pie de una misión hasta la siguiente en un solo día.

San Diego está en la frontera entre las dos Californias —la alta y la baja. San Diego atrae a visitantes de todas partes del mundo por su conocidísimo zoológico y sus hermosos parques y playas.

Al norte se encuentra San Francisco, considerado por muchas personas una de las ciudades más interesantes de los Estados Unidos.

California, y sobretodo la ciudad de Los Ángeles, refleja un intenso y dinámico sabor internacional lleno de ritmo y diversión.

California, el estado dorado, es una experiencia ¡singular!

CAPÍTULO 11
Nuestro medio ambiente

De antemano
Para el club de ecología

—Margarita y Roberto, gracias por el video del club de ecología. Me interesó mucho. Les hice uno también durante mis vacaciones en San Diego. Saludos a todos, Takashi.

—¡Roberto! ¡Roberto! Recibimos un video de Takashi.

—¿Un video de Takashi? Casi no lo creo, hace seis meses que volvió a los Estados Unidos.

—¡Hola, a todos! Mmm... no... okey, okey, perfecto. Hola a todos, ¿cómo les va allá en el D.F.? ¿Todavía se reunen los viernes? ¿Saben? Cuando regresé a San Antonio comencé un club de ecología en mi colegio, porque no había nada parecido, ahora tenemos 15 miembros, y claro, soy el presidente. Gracias por el video sobre la contaminación del aire. Me interesaron muchísimo las opiniones de la gente que entrevistaron. Pensaba que al club le gustaría saber lo que hace la gente aquí en San Diego para proteger el medio ambiente. Vamos a comenzar aquí en casa de mi amigo, Ignacio.

—Shh.

—¡Hola Ignacio! ¿Estás listo para la entrevista?

—Sí, claro. Diana, ¿qué haces?

—¿Yo? Nada, adiós.

—Hola. ¿Qué quieres preguntarme, Takashi?

—Bueno, ¿qué hace tu familia para proteger el medio ambiente?

—Pues, nos preocupa mucho el desperdicio de los recursos naturales, como el petróleo, es un problema muy grave. Por eso yo voy en bicicleta al colegio. Desde hace cinco años comenzamos a reciclar el vidrio, el aluminio, las latas, el plástico y los periódicos, así tiramos menos a la basura.

—Oye, Ignacio, ¿quieres ayudarme con el video? Voy a continuar con entrevistas en el zoológico.

—Me gustaría, pero no puedo. Tengo una cita con Carla, es nuestra primera cita.

—Sí, ya sé.

—¿Cómo?

—Nada, nada, que lo pasen bien. Hola, de nuevo, ahora estamos aquí en el zoológico y conocí a un muchacho que me va a ayudar con la cámara. Se llama Vicente. Diles hola, Vicente.

—Hola.

—Aquí estamos frente a los rinocerontes negros. La destrucción de su ambiente natural es un gran problema y por consiguiente es una especie en peligro de extinción. Les quiero presentar a María y Gabriela.

—Hola.

—Hola.

—¿Cuántos años tienen y de dónde son?

—Bueno, las dos tenemos 16 años y somos de aquí de San Diego.

—Muy bien. ¿Quieren decirles a mis amigos cuáles, en su opinión, son los problemas más graves, problemas ambientales?

—Pues, creo que la contaminación del aire es el peor problema, ¿verdad, María?

—No, Gaby, no estoy de acuerdo. A mí me parece que lo más grave es la destrucción de las selvas tropicales. Hay que proteger el medio ambiente de las plantas y los animales de la selva.

—¿Qué deberíamos hacer para proteger el medio ambiente?

—Pues, es preciso aprobar leyes más estrictas para mantener más limpio el aire.

—Y nosotros mismos deberíamos conservar mejor los recursos, reciclando y gastando menos gasolina.

—Sí, y apagando las luces. Todos tenemos que cambiar nuestro estilo de vida para cuidar mejor la tierra.

—Pues, muchísimas gracias por hablar con nosotros.

—De nada, pero una pregunta para ti.

—¿Por qué tienes esa cosa en la espalda?

—¿Cómo? ¿Qué cosa? ¿Tengo algo en la espalda?

Para el club de ecología (a continuación)

—¿Por qué tienes esa cosa en la espalda?

—¿Cómo? ¿Qué cosa? ¿Tengo algo en la espalda? Oh, como ven la hermana de Ignacio es muy traviesa. Pensaba que sólo le hizo la broma a Nacho, pero parece que yo también caí en la trampa. Bueno, gracias otra vez por hablar con nosotros. Que les vaya bien.

—De nada y chao.

—Adiós.

—Adiós. Y esto, pues, hay que poner la basura en el basurero, ¿verdad? Bueno, aquí estamos con la familia Sánchez.

—Buenas tardes.

—Buenas tardes.

—Sra. Sánchez, ¿nos presenta a su familia?

—Con mucho gusto, somos la familia Sánchez de San Diego. Éste es mi esposo Ernesto, mi hijo Carlos y yo soy Betty.

—Los Sánchez nos van a hablar de lo que hacen ellos para proteger el medio ambiente.

—Pues, nuestra familia cree que es muy importante hacer todo lo posible para proteger el medio ambiente. Por ejemplo reciclamos muchísimo y yo convierto todos los desperdicios vegetales de la cocina en abono y el abono lo uso en mi jardín.

—Y yo participo en un club de ecología en mi escuela. Una vez al mes vamos a diferentes lugares para limpiar. Por ejemplo, la playa o algún parque.

—En mi oficina, comenzamos un programa de reciclaje hace tres años, todo el papel usado se recicla y usamos papel reciclado para todo.

—Todos debemos hacer algo. Si no cambiamos nuestros hábitos, vamos a tener muchos más problemas graves en el futuro.

—Pues muchísimas gracias.

—Mucho gusto y gracias.

—Gracias.

—Que les vaya bien.

—Bueno, vamos a regresar a casa de Ignacio. Ahí hay una chiquita traviesa que tiene que pagar una deuda. Pero primero les voy a grabar un pequeño recorrido de algunas partes de San Diego. ¡Vamos!

—Hola, Ignacio, ¿qué tal la cita?

—Excelente, hombre. Vamos a salir otra vez el próximo sábado.

—Ignacio, tengo que decirte algo. Es que Diana te hizo una pequeña broma.

—Ah... ya lo sé, nosotros siempre estamos haciendo bromas así entre los dos.

—Me lo hizo a mí también.

—Ah... entonces te va a gustar esto.

—Diana está en la cocina preparando limonada. Vamos.

—Hola, Diana, ¿qué tal? ¿Preparando limonada?

—Sí, ya está.

—Oye, ¿qué tal si esta tarde salimos juntos tú, Takashi y yo?

—Sí, muy bien.

—Parece que Takashi se está divirtiendo allá en San Diego.

—Sí, y el video que grabó le va a gustar mucho al club. ¿Lo llevamos este viernes?

—Pues, claro. Oye Roberto, ¿qué te parece si escribimos una carta a Takashi?

—Sí, vamos. Esa hermanita de Ignacio es bastante traviesa, ¿verdad?

—Sí, pero fue un chiste lindo, ¿verdad?

Panorama cultural

Protecting the environment is an important contemporary issue for all societies. Everyone—despite nationality—may do something to protect the Earth's natural resources. We asked several Spanish-speaking students what they do to protect the environment.

¿Qué haces para proteger el medio ambiente?

[Wendy] Nada, y... no botando la basura en los ríos, no talando los árboles... sí, debe haber, pero todavía no nos han dicho... como el verano, estamos empezando el año.

[Ana María] Yo no hago mucho, o sea, yo... yo quiero ayudar, pero si me pongo a pensar no hago mucho, porque uso aerosoles y muchas cosas así. Pero si pudiera ayudar, sí quisiera.

Capítulo 11 *cont.*

[Gala] No tiro basura en el piso, en la calle y después, no sé. El año pasado estudiábamos ecología, hacíamos afiches y los pegábamos en las paredes del colegio: no tirar basura a la calle, no dejar las canillas abiertas mucho tiempo o cosas así.

[Jennifer] Yo limpio las playas cada vez que veo basura, yo lo recojo. Me aseguro que donde yo estoy caminando que esté limpio también por los caminos.

[Viviana y Mauricio] Bueno, nosotros reciclamos la basura y también tratamos de proteger el medio ambiente tratando de... aquí hay una campaña para proteger el medio ambiente que es de reciclar latas, botellas, y todo por el estilo, y las bolsas, que son para proteger el ambiente. También botamos la basura en el basurero, como se debe hacer, eh... varias cosas, pongamos... si vemos una basura intentamos recogerla y botarla en el basurero para mantener más limpio el país.

[Carmelo] Por parte del gobierno se estableció un programa de protección al ambiente en el que... consiste en que descansan los vehículos un día a la semana... ésta significa que descansa el color... hay varios colores que se distinguen de los vehículos que no circulan un día. Éste corresponde al nueve, y cero corresponde al día viernes, el día viernes no circula nueve y cero.

[Anayancy] Bueno, creo que lo principal no tirar basura, ni a los ríos, ni al suelo, este... plantar árboles, tal vez, este... no usando desodorante en *sprays*...

[Gustavo] Bueno, tratamos de ser limpios y no tirar las cosas en la calle: arrojarlo así... tirarlo en un residuo porque si uno tira así en la calle, te estás contaminando a vos solo, yo por lo menos me cuido así, ¿viste? Trato de ser amable con todo el mundo. Si veo que alguien lo tira le digo, no, flaco. Trata de ser un poco más limpio y lo tiras acá. Es por todas las personas, no por yo solo, ¿viste? Yo por lo menos cuido a todo el mundo, trato de ser amable.

[Mónica] Pues trato de usar menos detergente en la lavadora. Trato de ahorrar el agua, de no dejar la llave abierta cuando me lavo los dientes, no sé, trato de dejar el coche menos tiempo encendido cuando se está calentando.

[Federico] Y trato de no tirar cosas en la calle, pero yo, no, no puedo hacer mucho porque no tengo tiempo, pero en las cositas chiquitas trato de no, de no dañar el medio ambiente.

[María Dolores] Sí, yo creo que es muy importante que todos hagamos algo, sea en manera directo o indirecta, pero creo que todos tenemos que contribuir, ¿no? En... en muchas maneras, en cosas pequeñas, en separar la basura, el cristal, el papel, y conducir menos, ir con los amigos al colegio.

Videoclips

El progreso

Yo quisiera poder aplacar una fiera terrible.
Yo quisiera poder transformar tanta cosa imposible.
Yo quisiera decir tantas cosas
que pudieran hacerme sentir bien conmigo.
Yo quisiera poder abrazar a mi mayor enemigo.
Yo quisiera no ver tantas nubes oscuras arriba,
navegar sin hallar tantas manchas de aceite en los mares
y ballenas desapareciendo por falta de
escrúpulos comerciales.
Yo quisiera ser civilizado como los animales.
Yo quisiera ser civilizado como los animales.
Yo quisiera no ver tanto verde en la tierra muriendo
y en las aguas de ríos los peces desapareciendo.
Yo quisiera gritar que ese tal oro negro
no es más que un negro veneno.
Ya sabemos que por todo eso vivimos y amamos.
Yo no puedo aceptar ciertas cosas
que ya no comprendo,
el comercio de armas de guerra
de muertes viviendo.
Yo quisiera hablar de alegría en vez de tristeza
mas no soy capaz.
Yo quisiera ser civilizado como los animales.
Yo quisiera ser civilizado como los animales.
Yo quisiera ser civilizado como los animales.
Yo no estoy contra el progreso
si existiera un buen consenso,
errores no corrigen otros,
eso es lo que pienso.
Yo no estoy contra el progreso
si existiera un buen consenso,
errores no corrigen otros,
eso es lo que pienso.

CVC

Los hombres pedimos espacio para respirar. Pero el oxígeno lo cortamos de raíz.
¡Convivamos!

La tierra nos da recursos sin cansancio.
Los hombres los agotamos sin descanso.
¡Convivamos!

CAPÍTULO 12
Veranos pasados, veranos por venir

De antemano
Un verano en San Diego

—Queridos Jaime y Luz, hace tres semanas que estoy de vacaciones aquí en San Diego. Estoy en casa de mi amigo Ignacio Rivera. Es un tipazo y la persona más graciosa que conozco. Los dos éramos muy buenos amigos en mi colegio en San Antonio. El año pasado su familia se mudó a San Diego, y claro, ya no nos vemos casi nunca. Por eso estoy muy contento de pasar las vacaciones aquí con él. Me llevo muy bien con su familia también. De verdad, San Diego es una ciudad lindísima. El viernes pasado, fuimos al parque más grande de San Diego, Mission Bay Park. Allí se puede nadar, esquiar en el agua, pescar, todo. Nosotros sólo nadamos, pero me gustaría mucho aprender a montar en tabla de vela. El día siguiente, fuimos al zoológico y quedé muy impresionado. El zoo es enorme, con un montón de animales de todas partes del mundo. Pensé en ti, Luz, porque sé que te fascinan tanto los animales. ¿Y saben qué? Después de graduarme, creo que voy a asistir a la Universidad de California en San Diego. Visité el campus dos días después de ir al zoológico y resulta que tiene programas de idiomas que me interesan mucho. Además, los estudiantes parecen ser buena onda, muy amables. Hoy, por ejemplo, conocí a una chica muy simpática.

—¡Takashi! ¡Takashi! ¿Me escuchas?

—¿Eh?

—Tienes una visita.

—¿Una visita?

—Sí, una chica. Dice que te conoció hoy en la universidad.

—¿Una chica? ¿De la universidad? ¿Cómo...?

Un verano en San Diego (a continuación)

—Ah, ¡hola! ¡Alicia!

—Hola, Takashi, ¿qué tal?

—Eh, bien, gracias, ¿y tú?

—Bien, también. Vine para devolverte esto. La dejaste en la banca, cuando me di cuenta, ya no estabas.

—¡Muchísimas gracias! Pero, ¿cómo supiste adónde traerla?

—Pues, dentro tienes una carta con tu nombre y esta dirección.

—Ah... bueno, eh... ¿quieres entrar?

—Gracias, pero no puedo. Tengo una cita y ya no me queda mucho tiempo. Pero fue un placer conocerte, Takashi.

—Igualmente.

—¡Que te vaya bien!

—A ti también...

—¡Ajá! Por eso te pusiste nervioso, ¿y cuándo es la boda?

—¿La boda? ¿Qué boda?

—Así que conociste a... ¿cómo se llama? ¿Alicia?... hoy en el campus de la universidad... ¿Es por eso que ahora quieres asistir a la universidad aquí en San Diego?

—No, de verdad, no. Me gustó mucho la universidad. Hablé con los estudiantes del departamento de idiomas extranjeros. Dicen que el programa es muy bueno.

—¿Vas a estudiar idiomas? ¿Por qué?

—Porque me gustan.

—¿Pero qué piensas hacer en el futuro con idiomas?

—Hay varias posibilidades... Lo que más me gustaría ser es intérprete. Me parece fascinante trabajar con gente de todos los países del mundo y además me interesa mucho la política. Otra posibilidad es usar los idiomas en el mundo de los negocios internacionales. Hoy en día, es una ventaja enorme poder hablar varios idiomas y me encantaría viajar a diferentes países. ¿Ves? Hay muchos trabajos en que es necesario hablar varios idiomas. Y tú, Ignacio, ¿qué planes tienes para el futuro?

—¿Qué planes tengo yo? Mmm... Pues, me fascina la arqueología. Me gustaría ser arqueólogo. Me suena muy interesante trabajar en excavaciones, buscar y encontrar artefactos de civilizaciones antiguas y aprender sobre la gente y las culturas del pasado. No sé... ¿qué te parece?

—Hombre, me suena muy bien. ¿Ya tienes alguna idea a cuál universidad te gustaría asistir?

—De veras, no. Tal vez me quede aquí en San Diego. Y si tú estás aquí también, ¡mejor!

—¡Sí, sería maravilloso!

—Oye, Takashi... y hablando de planes futuros, ¿qué planes tienes para esta tarde?

Capítulo 12 *cont.*

—No sé. Lo único que necesito hacer es terminar de escribir esta carta y mandarla. No falta mucho.

—Pues, ¿qué tal si después vamos al cine? Son las tres y veinte. Las películas comienzan a eso de las cuatro y cuarto. Podemos pasar por el correo en el camino y mientras acabas con la carta yo voy por mi cartera.

—¡Perfecto!

—¡Takashi! ¡Takashi!

—¡Sí, un momento!

—¡Takashi, esa chica Alicia está aquí otra vez...!

—¡¿Alicia?! ¡¿Dónde?!

—¡Ay, no! Me equivoqué, no es ella, qué pena, lo siento, Takashi.

—¡Ignacio!

—Así que quieres asistir a la universidad aquí en San Diego porque tienen un buen programa de idiomas. Entiendo, no te interesa por ninguna otra razón.

—No, no, ¡eso es! Por el programa de idiomas.

Panorama cultural

In this chapter, we asked some Spanish-speaking people how they celebrate their graduation. How would you answer this question?

¿Cómo celebran los estudiantes el fin de cursos?

[Sergio] Bueno, eh... al momento que terminan de hacer ese bachillerato van a cenar con sus padres. Salen a cenar o a bailar y a almorzar, porque por lo general termina eso alrededor de mediodía. La mía, por ejemplo, terminó alrededor de mediodía. Pero anteriormente, se van a lo que le dicen "grad night" que es un viaje que le dan a Orlando a ir a Disney World®... Y entonces allí pasan toda la noche oyendo música y subiéndose a los... en los paseos que tiene Disney World® y viendo a Mickey Mouse® y todo eso.

[Paula] Bueno yo te cuento que mi escuela, es bastante especial. Tenemos una despedida que nos hacen todos los años, cada... cada año, o sea... nosotros tenemos primero, segundo, tercero, cuarto, y quinto... y van pasando y cada uno nos prepara algo para despedirnos y hasta los profesores, por ejemplo, nos hacen una obra de teatro o algo lindo para que nos llevemos nosotros el recuerdo. Y después está la graduación, que es ya con los padres y después generalmente un cóctel o una cena o algo.

[Edson] Bueno, una fiesta con música, bailes, comidas, juegos... Cuando le van a dar el diploma le dicen unas palabras y entonces uno le... bueno les agradece a los profesores por haberle enseñado todo eso y entonces le entregan el diploma, saludo a los profesores, al que se lo entrega.

[Vivian] Hay la misa de graduación donde entregan los diplomas y después hay una fiesta con los padres y con los estudiantes.

[Ayalu] O sea hacemos fiestas, hacemos la preparación para aprobar el título, la prograduación, luego hacemos la fiesta en el liceo y luego a veces reunimos para irnos qué sé yo a Margarita, Puerto la Cruz, etcétera.

[Leonardo] Mmm... lo que hacen es un viaje de egresados, nada más. No hay otra cosa. Viajes de egresados terminan en hacer un viaje a un lugar de este país o de otro país, depende de cómo esté la situación.

[Elena] Bueno, tenemos este... fiestas, eh... por motivo de la graduación, o sea las fiestas son muy bonitas, muy agradables, mucha diversión.

[Amauri] Bueno, de bachiller tienden a salir, a divertirse, a jugar, a ir al cerro, a ir a la playa... para celebrarla y también hacen fiesta en el liceo para después de la graduación.

[Alexa] Okey, cuando nosotros graduamos celebramos "class night", el baile de graduación y la graduación.

Videoclips

Hace 4.000 millones de años la vida comenzó en el agua y de ella depende la existencia de nuestro planeta. COMFAMA, consciente de la necesidad de proteger la naturaleza preservada para la comunidad. El parque ecológico **La Cuayú** y la **Cascada del Arco Iris**, situado en el municipio de San Luis en el oriente antioqueño. Visítelo y disfrute con nosotros el placer de defender la vida. COMFAMA, el arte de servir a la familia.

Answer Key

Location Opener 1 Activity Master

1. 1. a
    2. b
    3. a
    4. b
2. c
3. el sur
   Itálica
   mezquitas
   Castillo Rojo
   flamenco
4. c

Chapter 1 Activity Master 1

1. Answers will vary.
2. a, b, d
3. b
4. 1. c
    2. d
    3. a
    4. b

Chapter 1 Activity Master 2

1. a, b, c
2. a, c, e, g
3. c, d, e
4. Answers will vary.

Chapter 1 Activity Master 3

1. 1. a
    2. b
    3. a
2. 1. f
    2. e
    3. a
    4. b
    5. d
    6. c
3. a, b, d, e, f, g
4. b

Chapter 2 Activity Master 1

1. a, b, d, f, g, h, i, l, m
2. a, b, f
3. b
4. 1. C
    2. F
    3. C
    4. C
5. a. ayer
    b. ayer
    c. hoy
    d. hoy

Chapter 2 Activity Master 2

1. 1. c
    2. a
    3. b
    4. e
    5. d
2. billete, silla, busca, dibujo, contentos, mejor
3. Answers will vary.

Chapter 2 Activity Master 3

1. 1. c
    2. a
    3. b
2. me encanta, estudiar, monumentos, los antepasados, las raíces, recursos naturales, muchas razas, muchísimo, las fuentes
3. 1. C
    2. F
    3. C
4. a, b, c, d, e, g, h
5. c

Location Opener 2 Activity Master

1. 1. b
    2. c
    3. b
    4. a
2. 1. b
    2. c
    3. a
3. b

Chapter 3 Activity Master 1

1. 1, 2, 3, 5
2. 1. b
   2. a
3. 1. F, A veces se levanta más tarde.
   2. F, Se lava los dientes en el cuarto de baño.
   3. C

Chapter 3 Activity Master 2

1. 1. temprano
   2. temprano; después
   3. saca; pasa; limpia
2. 1. b
   2. f
   3. a
   4. c
   5. e
   6. d
3. 1. b
   2. a
   3. c

Chapter 3 Activity Master 3

1. **Fernando**: licenciado de computación. Se levanta a las siete y empieza a trabajar a las nueve.
   Patricia: vendedora de perfume. Se despierta a las diez de la mañana.
   Guadalupe: abogada. Comienza el trabajo muy temprano.
2. 1. 4
   2. 9, 2, 3, 7
   3. 6
   4. 3, 3
   5. 4
3. a. 5
   b. 3
   c. 1
   d. 4
   e. 2

Chapter 4 Activity Master 1

1. 1. c
   2. a
   3. b
   4. c
   5. a
2. b
3. 1. qué te parece
   2. Conoces al; no lo conozco
   3. Por qué no
   4. no debes

Chapter 4 Activity Master 2

1. a, c, d, e, f, g, h, j, k, l
2. a. 6
   b. 1
   c. 4
   d. 3
   e. 2
   f. 5
3. 1. c
   2. b
   3. a

Chapter 4 Activity Master 3

1. 1. c
   2. a
   3. b
2. **Flavio**: soccer
   Paula: eating, studying
   Juan Fernando: eating, bicycle
   David: studying
   Maricela: studying
   Leonardo: studying, television
   Vivian: studying, television
   Martín: studying
3. 1. c
   2. b
   3. a

Location Opener 3 Activity Master

1. 1. b
   2. c
   3. a
   4. c
   5. a
   6. c
2. 1. c
   2. b
   3. a
3. c

Chapter 5 Activity Master 1

1. Answers will vary.
2. **Jimena**: 2, 3, 5, 7
   Gustavo: 1, 3, 4, 5, 7
3. Answers will vary.
4. Answers will vary.

Chapter 5 Activity Master 2

1. c
2. a, c, d, f
3. 1. a
   2. a
   3. b
   4. c
4. a. 2
   b. 4
   c. 3
   d. 1

Chapter 5 Activity Master 3

1. **exercise**: 7
   diet: 3
   exercise
2. 1. d
   2. c
   3. b
   4. a
3. Cuidado con Paloma, que me han dicho que es de goma.

Chapter 6 Activity Master 1

1. a. 2
   b. 3
   c. 1
   d. 4
   e. 5
2. 1. b
   2. a
   3. b
   4. c
3. 1. C
   2. F, Ella no pide un plato mexicano porque siempre come la comida mexicana.
   3. F, Pedro y Guadalupe se levantaron a las ocho.
   4. C
   5. F, Le pidió direcciones a la oficina de turismo.

Chapter 6 Activity Master 2

1. b
2. a, b, c, e
3. 1. c
   2. a
   3. b
   4. b
4. 2, 4, 5

Chapter 6 Activity Master 3

1. 1. b
   2. a
   3. c
2. a, b, c, d, e
3. 2, 3

Location Opener 4 Activity Master

1. 1. c
   2. a
   3. d
   4. g
   5. b
   6. f
   7. e
2. 1. b
   2. a
   3. c
3. Answers will vary.

Chapter 7 Activity Master 1

1. 3, 5, 7, 8
2. a, b, d
3. 1. C
   2. F, Rogelio tiene que escribir un reportaje sobre la entrevista para su clase de ciencias sociales.
   3. F, Tío Martín dice que en aquellos días la vida era más sencilla que ahora.
   4. F, La familia de tío Martín era grande. Eran ocho en casa.

Chapter 7 Activity Master 2

1. Answers will vary.
2. a, d
3. a. 3
   b. 1
   c. 2
   d. 4
4. 1. b
   2. a
   3. c
   4. a
   5. b
   6. d

Holt Spanish 2 ¡Ven conmigo!

Chapter 7 Activity Master 3

1. 1. C
   2. F
   3. F
   4. C
   5. C
2. 1. d
   2. b
   3. e
   4. a
   5. c
3. Ay, cómo hemos cambiado. Qué lejos ha quedado aquella amistad.

Chapter 8 Activity Master 1

1. a, b
2. 1. b
   2. a
   3. a
   4. b
   5. b
3. 1. F, Luis tiene que regresar a Nueva York mañana por la mañana.
   2. C
   3. F, Cuando Rogelio sacó la basura, se le rompió la bolsa.
   4. C

Chapter 8 Activity Master 2

1. Answers will vary.
2. 1. a
   2. c
   3. b
   4. c
   5. a
3. 1, 2, 4
4. 1. C
   2. F
   3. C
   4. C

Chapter 8 Activity Master 3

1. 1. b
   2. a
   3. c
2. 1. H
   2. H
   3. R
   4. R
   5. H
   6. A
   7. R
   8. H
3. 1. d
   2. b
   3. c
   4. a
4. 1, 2, 4

Location Opener 5 Activity Master 1

1. 1. b
   2. a
   3. c
   4. a
   5. c
   6. b
2. Titicaca, el lago navegable más alto del mundo
3. la papa
4. c

Chapter 9 Activity Master 1

1. 1. b
   2. c
   3. a
2. a. 2
   b. 5
   c. 1
   d. 3
   e. 4
3. 1. a
   2. b
   3. a
   4. a

Chapter 9 Activity Master 2

1. a, b, d, e, g
2. 1. b
   2. c
3. b, a, a

Chapter 9 Activity Master 3

1. 1. c
   2. a
   3. b
2. 1. a
   2. b
   3. b
   4. a
3. 2, 3, 4, 5, 7, 9

Chapter 10 Activity Master 1

1. 1. b
   2. a
   3. a
   4. a
   5. b
2. 1. F, Ellos no sabían nada de las labores de una finca antes de su visita.
   2. F, El abuelo de tía Carolina lo dibujó.
3. a. 6
   b. 3
   c. 5
   d. 4
   e. 2
   f. 1
   g. 7

Chapter 10 Activity Master 2

1. b, c, d, f
2. a. 6
   b. 5
   c. 3
   d. 1
   e. 4
   f. 2
3. 1. b
   2. d
   3. e
   4. a
   5. c
4. a, c, e, g

Chapter 10 Activity Master 3

1. 1. a
   2. b
   3. b
   4. a
2. 1. c
   2. d
   3. a
   4. b
3. 1. Europa
   2. países mediterráneos
   3. Murcia

Location Opener 6 Activity Master

1. 1. c
   2. b
   3. a
   4. c
   5. a
   6. b
2. b
3. c

Chapter 11 Activity Master 1

1. Answers will vary.
2. 1. b
   2. a
   3. b
   4. a
   5. a
   6. b
3. 1. C
   2. F, No le ayuda a Takashi.
   3. F, Ellas dicen que podemos aprobar leyes más estrictas y conservar mejor los recursos.

Chapter 11 Activity Master 2

1. a, b
2. 1. b
   2. c
   3. a, b
3. Answers will vary.

Chapter 11 Activity Master 3

1. 1. b
    2. c
    3. a
2. 1. a
    2. b, a
    3. c
    4. a
    5. a
    6. d
    7. a
    8. b, c
3. c

Chapter 12 Activity Master 1

1. 1. a
    2. b
    3. b
    4. a
    5. a
    6. b
    7. a
    8. b
2. a. 3
    b. 1
    c. 4
    d. 2
3. 1. C
    2. F, Takashi va a asistir a la
       Universidad de California en San
       Diego.
    3. F, La familia de Ignacio se mudó a
       San Diego.

Chapter 12 Activity Master 2

1. a. I
    b. T
    c. I
    d. I
    e. T
    f. I
    g. I
    h. T
2. 1. a
    2. b
    3. c
    4. b

Chapter 12 Activity Master 3

1. 1. b
    2. a
    3. c
2. 1. a
    2. a, b
    3. b
    4. a
    5. a, c
    6. a
3. 1. a
    2. c
    3. b